中国特色城镇化研究

胡玉鸿/主　编
宋言奇/副主编

# 新型城镇化

XINXING CHENGZHENHUA

## 中国特色城镇化研究报告 2012

U0836295

苏州大学出版社
Soochow University Press

**图书在版编目(CIP)数据**

新型城镇化：中国特色城镇化研究报告：2012／胡玉鸿主编. —苏州：苏州大学出版社，2014.4
ISBN 978-7-5672-0843-8

Ⅰ.①新… Ⅱ.①胡… Ⅲ.①城市化-研究报告-中国 Ⅳ.①F299.21

中国版本图书馆 CIP 数据核字(2014)第 057965 号

**书　　名**：新型城镇化——中国特色城镇化研究报告 2012

**主　　编**：胡玉鸿
**副 主 编**：宋言奇
**责任编辑**：周建国
**装帧设计**：吴　钰

**出版发行**：苏州大学出版社(Soochow University Press)
**社　　址**：苏州市十梓街 1 号　**邮编**：215006
**印　　装**：苏州恒久印务有限公司
**网　　址**：www.sudapress.com
**邮购热线**：0512-67480030
**销售热线**：0512-65225020

**开　　本**：787×1092　1/16　**印张**：12　**字数**：209 千
**版　　次**：2014 年 4 月第 1 版
**印　　次**：2014 年 4 月第 1 次印刷
**书　　号**：ISBN 978-7-5672-0843-8
**定　　价**：35.00 元

# 序　言

党的十八届三中全会高度重视新型城镇化问题，在纲领性文件《中共中央关于全面深化改革若干重大问题的决定》中提出：坚持走中国特色新型城镇化道路，推进以人为核心的城镇化，推动大中小城市和小城镇协调发展、产业和城镇融合发展，促进城镇化和新农村建设协调推进。

新型城镇化的内涵比较深刻复杂。新型城镇化的内涵是什么？有哪些特征？如何因地制宜地推进新型城镇化？这些都是亟待解答的问题。为了深入挖掘新型城镇化，我们编写了《新型城镇化》一书，并设立新型城镇化内涵、新型城镇化与管理体制创新、新型城镇化与社会建设、新型城镇化与经济发展、苏南地区新型城镇化、他山之石等6个栏目，力图从政治、经济、社会、历史以及地方实践等多维度解读新型城镇化。

# 目　录

## 新型城镇化内涵



## 新型城镇化与管理体制创新



## 新型城镇化与社会建设



## 新型城镇化与经济发展

## 苏南地区新型城镇化



## 他山之石

# 新型城镇化内涵

# 多维视角下的新型城镇化内涵解读

段进军　张方华

【摘要】 在今后相当长一段时间内，城镇化仍处于相对快速的发展阶段，仍将是我国社会经济发展的最重要支撑。但国内外宏观经济形势的变化，使得我国城镇化的内涵已经出现了重大变化，我们必须要走新型城镇化道路。新型城镇化“新”在哪里？本文认为应体现在以下几个方面：相对于传统的城镇化，新型城镇化应进入一个新阶段，即实现由“化地”到“化人”的重大转变；相对于外生的城镇化模式，我国城镇化应转型为内生城镇化模式，要特别关注城镇化的区域视角；相对于出口和投资驱动下的城镇化，新型城镇化应建立在消费驱动的基础上；从发展目标上来看，城镇化应由实现“一维”的经济目标转型到实现基于资源环境、社会和经济发展的“三维”目标。

【关键词】 新型城镇化　新阶段　新动力　新战略　新目标

【基金项目】 教育部人文社科基地重大项目“结构转型与城镇化战略研究——以江苏省为例”（项目编号：10JJDZONGHE021）；江苏省高校哲学社会科学研究重大项目“结构转型与江苏省城镇化战略研究”（项目编号：2010ZDAXM020）的阶段性成果。

2008年欧美发达国家爆发的金融危机对世界经济发展产生了深刻的影响，它预示着全球经济进入新一轮结构调整中，而这一调整过程不是短期能够结束的，因此，我国建立在出口和投资驱动基础上的外向型发展模式面临着严峻的挑战。支撑城镇化发展的土地、劳动力和环境容量等传统要素的稀缺性表现得越来越突出。内外双重倒逼机制迫使我国城镇化必须转型，转型的实质就是寻找城镇化的新动力和新模式，也就是要走一条新型城镇化道路。新型城镇化内涵与传统城镇化相比，应体现在几个方面的不同：即城镇化的新阶段、新模式、新动力、新战略、新目标。

## 一、从发展阶段上来讲，新型城镇化应实现由“化地”到“化人”的重大转变

我国城镇化主要表现在“化地”方面，即“土地城镇化”严重超前于“人口城镇

化”。长期以来,我国城镇化处于快速发展阶段,特别是在“九五”和“十五”期间,城镇化的发展出现了“冒进”态势。这种冒进城镇化带来了严重的资源环境问题,并引发了严重的社会问题,改变了我国传统的城乡地域社会结构,这是“社会—空间”辩证法在我国的具体体现。许多政府过分追求城镇化指标,利用行政力量,片面做大城市规模,使土地城镇化远远快于人口城镇化,一些地方“要地不要人”的问题非常严重。1996—2008年,全国城市用地和建制镇用地分别增长了53.5%和52.5%,但农业户籍人口仅减少了2.5%。2000—2008年,21个省(自治区、直辖市)城镇用地增长率快于城镇非农人口增长率。部分地方为了扩大新增建设用地指标,背离城乡建设用地“增减挂钩”政策,擅自扩大挂钩规模,这些冒进措施导致强拆强建、逼农民上楼等恶性事件时有发生。

“化地”不仅表现为空间的蔓延和扩张,也表现为附着在其上的政府办公大楼、宽马路、立交桥、高速公路、铁路等交通基础设施的超前建设。我国著名经济地理学家陆大道院士将其称为“空间失控”,并指出,大规模发展交通运输建设是近年来我国各地区发展战略的重要组成部分,是GDP呈两位数增长的重要支撑。2008年起,这造成我国高速公路建设进入快速发展阶段。按照各地区的规划,全国高速公路的总里程要达到18万公里左右,许多省提出了“县县通高速”。这造成我国许多省份的高速公路的长度和密度均超过了发达国家,高速公路网的规划规模与空间覆盖水平背离了其技术经济的属性。远程城际高铁、大城市的城郊铁路系统的盘子过大,大项目上得过快。由于超大规模的交通规划和建设,导致交通投资占GDP的比重上升到7%—9%,这是很不正常的比。

由“化地”到“化人”的转变,是矫正我国资源配置扭曲的重要选择。天平偏向“化地”,势必要投入大量资金,基础设施的超前建设导致了大量资源的浪费。我们需要矫正这种资源的不合理配置,需要将资源投入到一种“化人”中来,要加快社会保障制度建设,加快收入分配制度改革,提高城乡居民收入水平。为了实现由“化地”到“化人”的转变,必须加快农民工市民化进程,很好地利用“第二次人口红利”。“第一次人口红利”的利用形式主要是劳动力从农业转向非农产业,虽然转换了就业结构和就业身份,但其消费模式、社会身份没有转化,所以他们的消费贡献、对社会公共服务以及城市居住设施提出的需求还没有被充分挖掘。因此,应该把推进农民工的市民化,推进公共服务的均等化,看作是对“第一次人口红利”另一半的挖掘。现在我国人口城市化率已超过50%,而非农业户口人口的比重只有35%左右,两者之间还有15个百分点的差距,“第二次人口红利”开发将有利于我国内需的扩大和经济发展方式的转变,同时,也有利于促进我国城市和区域发展内生型模式的形成。

由"化地"到"化人"的转变，是实现经济可持续发展的重要基础。"化地"主要建立在投资和出口的基础上，而"化人"则需要建立在消费的基础上，只有实现了"人的城镇化"，不断地满足人的需求，才能为经济的可持续发展提供动力源泉。人的需求不仅仅是物质方面的需求，还包括大量精神方面的需求，这也是促进产业结构提升的重要源泉。我国城市和区域产业结构极为不合理，第二产业特别是重化工业的比重过大，这与"化人"的滞后存在着必然的联系，人们的社会保障不完善，收入过低，是很难启动消费的。但投资驱动必然带来大规模低水平的产业扩张，也必然带来一种高耗能的发展模式，如 2011 年我国钢产量为 8.86 亿吨，占全球总量的 45.5%。近年来，除个别年份外，每年钢增量在 7 000 ～8 000 万吨。此外，水泥产量也连年攀升，2011 年全国水泥产量为 20.99 亿吨，比 2010 年增加 2.17 亿吨，约占全球总量的 60%。2011 年全国能源消费总量达到 34.80 亿吨标准煤，以煤为主的能源消费结构没有变化。固定资产投资的弹性系数，在 2004—2011 年均为 2.42，2009 年高达 3.6。这就是说，经济的高速增长在很大程度上是由投资拉动的。

最后，由"化地"到"化人"的转变，是回归城镇化的本质要求。经过长期城镇化的快速发展，我们需要从价值层面回答城镇化的本质到底是"人的城镇化"还是"物的城镇化"。目前，虽然我国城镇化在硬件方面或已超越发达国家，但社会经济发展仍然滞后，我们的差距在哪里？毫无疑问，是"人的城镇化"的严重滞后。"人的城镇化"严重滞后不仅扭曲了社会结构，同时也扭曲了经济结构，并破坏了我们的生态结构。所以，新型城镇化应尽快实现由"化地"到"化人"的转变，这是支撑我国社会经济可持续发展的重要基础。

## 二、从发展模式上来讲，新型城镇化应实现由外生城镇化模式到内生城镇化模式的转变

新型城镇化不能再简单地理解为规模型的城镇化，也不能再简单地理解为人口意义上的城镇化，城镇化转型是一个重大的课题并包含丰富的内涵，但首先需要考虑的是经济发展战略和城镇化发展模式的转型。"后发优势"是我们长期以来坚持的重要战略，在相当长时期内确实支撑了我国经济的快速发展，但是现在"后发优势"却变成一种"后发劣势"，人们养成一种心理的依赖性，缺乏一种制度创新的动力。"后发优势"本质上是一种外向型经济发展模式，这种模式存在严重的弊端——尽管"世界工厂"带来了发展的机遇、外汇盈余和就业岗位，但也形成

了"全世界污染中国"的局面,加剧了我国环境问题的严峻程度。我国的城镇化模式是建立在"后发优势"战略和外向型经济发展模式的基础上的,也具有典型的外生型特点。

著名城市规划专家约翰·弗里德曼将城市发展划分为"城市营销"与"准城市国家"两种模式。第一种模式是一种无情的零和游戏。他认为,奉献在跨国资本祭坛上的祭品通常是低廉的工资、温顺的劳动力,"灵活和敏感"的地方政府,以及各种优惠政策——减免税收、提供免费土地、给予津贴等。第二种模式是"准城市国家",城市—区域不可能期望从自身外部获得一种可持续发展动力。要获得可持续发展,就必须牢固地给予它们自身的天赋资源。城市—区域的发展要想具有"可持续性",就必须牢固地根植于它们自身的综合资源,这是不能够进口的。

我国为欧美发达国家市场进行大批量的生产正面临着严峻的挑战,这种大批量的生产主要依靠低成本竞争的产业集群支撑,并且这种集群在全球产业链中只能获取极其微薄的利润。我国大多数城市的产业区依靠的都是低成本竞争,在1996年,美国《洛杉矶时报》对芭比娃娃玩具的全球生产与价值分配体系所做的一项调查显示:一个在美国市场上售价9.9美元的"芭比娃娃"玩具,其海运、仓储、营销、批发、零售和利润环节就占了7.9美元;在余下仅仅2美元的分配结构中,中国香港管理和运营中心占1美元,从中国台湾地区、日本、美国、沙特阿拉伯进口和中国内地市场采购的原材料占0.65美元,剩下的0.35美元才是中国工人的加工费——在全球玩具产业的价值链上,加工制造环节的附加值仅为3.5%(Tempest,1996)。但随着中国劳动力等生产要素成本的不断上涨,这种低附加值的产业链在我国东部发达地区已经面临着严重的瓶颈问题。新型城镇化必须通过新型的产业集群提升发展的内生性,要从供应链型的GVC走向基于区域的NVC,实现全球化和本地化的辩证统一,摆脱"代工—出口—微利化—品牌、销售终端渠道与自主创新能力缺失—价值链攀升能力缺失"的非意愿恶性循环的发展路径。

## 三、从发展动力上来讲,新型城镇化应实现由投资出口驱动到消费驱动的转变

城镇化由投资、出口驱动转变为消费驱动,这是国内外经济形势变化和社会经济发展到新阶段的必然要求。过去我们一直倡导启动内需,但内需一直启动不起来,其根本原因在于有广阔的外需市场空间支撑,我们没有一种倒逼机制来推动内需消费市场的启动。而且在时间点上存在着一种巧合,即每当外部出现经济

危机,我们都会把内需启动作为一种战略选择。比如1997年东南亚金融危机后,我们提出要启动内需,其中最重要的举措就是房地产开发和一些重大基础设施的建设。在当时特定的历史条件下,这一战略举措取得了积极的效果,内部投资弥补了外需的不足,一方面使我国摆脱了外部市场的影响,同时,投资驱动的城镇化也在一定程度上支撑了我国经济相对快速的发展。2008年欧美发达国家爆发了金融危机后,我们又提出了内需战略,同时启动了更为庞大的4万亿救市计划,试图仍沿用过去的药方来医治一个病情不同的新病人,这不但不能取得好的效果,反而会促进低层次高耗能的产业进一步扩张,以及脱离国情的超前基础设施建设,浪费大量的资源。其原因在于:1997年出口导向型模式仍然处于"青壮年"发展时期,还有很大的发展空间,一旦危机过去,便会重新带动我国经济的发展。但是2008年后的欧美发达国家金融危机的爆发,宣告我国传统出口导向型发展模式已经接近尾声,如果我们再以基础设施和房地产投资来启动内需,只能进一步强化一种结构型矛盾,因此,发展模式转型的根本就在于启动一种消费驱动的城镇化新模式,而消费驱动必须要求有良好的社会结构作为支撑,特别是中产阶级所占的比重,因此,收入分配制度改革理应成为新型城镇化最重要的选择。

根据陈志武的研究,自1995年到2007年的12年里,政府财政税收年均增长16%(去掉通货膨胀率后),城镇居民可支配收入年均增长8%,农民纯收入年均增长6.2%。这期间国内生产总值的年均增幅为10.2%。我国政府财政收入高速增长所导致的一个结果是,从1995年到2007年,去掉通货膨胀成分后,财政收入增加了5.7倍,呈现一种高速增长的态势,而城镇居民人均可支配收入只增长了1.6倍,农民的人均纯收入也才增加了1.2倍。近年来,在国内经济高速增长的同时,我国劳动者报酬所占比例下降却更快。

与发达国家相比较,目前我国消费率太低,而固定资产投资率太高,积累与消费比例已经严重失衡。按照当年的价格计算,2011年我国最终消费率为49.1%,资本形成率为48.3%,其中固定资本形成率为45.7%。近年来,我国经济高速增长的同时,最终消费率却不断下降。2000年,我国最终消费率为63.2%,此后10年间最终消费率一路下降了15个百分点,2010年为48.2%。2011年我国最终消费率在金融危机后的内需刺激政策下有所回升,为49.1%。按照世界银行统计,目前全球平均消费率约77%(美国消费占国内生产总值的份额为86%,德国为78%,日本为75%),固定资产形成率为23%。2011年,我国的消费率比世界平均水平低近30个百分点,固定资本形成率比世界平均水平高30多个百分点。更令人感到触目惊心的是,我国消费率不仅远远落后于欧美一些发达国家,甚至和印度等发展中国家相比也有相当大的差距。

基于上述分析，我们可以看到，在出口导向型的发展模式面临严峻挑战的时候，我们必须将消费作为经济发展的推动力，外部市场的萎缩和结构的变化必然倒逼我们去改变自己的收入分配制度。以前的消费与投资的分配主要支撑着出口导向和投资的发展模式，如果转为内需，就必须相应地推动投资与消费两者比例的变化，否则，启动内需和消费驱动只能是一句空话，同时需要围绕着消费社会的建立，加快社会保障制度的改革，消费驱动经济的发展必然需要以相应的社会结构和经济结构的转变作为支撑。

## 四、从空间上来讲，新型城镇化要由“非均衡型”城镇化转为“均衡型”城镇化，加快中小城市、小城镇发展，优化城镇体系空间格局

在今后一段时间内，城市空间扩张蔓延应转变为协调城乡空间结构为主的均衡的城镇化模式。以2008年市政公用设施建设固定资产投资为例，城市人均投资分别是县城的2.26倍、建制镇的4.48倍、乡的7.27倍和行政村的20.16倍。城镇等级体系和规模结构出现严重失衡。2000—2009年，我国特大城市和大城市数量分别由40个和54个骤增到60个和91个，其城市人口占全国城市人口的比例由38.1%和15.1%增加到47.7%和18.8%，而同期中等城市和小城市的数量分别由217个和352个变化为238个和256个，城市人口比例由28.4%和18.4%下降到了22.8%和10.7%。另外，快速的城镇化，在很大程度上是建立在对农村生产要素的吸附的基础上，这导致我国农村的快速空心化和农村人口主体的老弱化，同时，近10年来，我国城镇年占用耕地300～400万亩。因此，城镇化的空间均衡是中国城镇化进行过程中的发展方向，对于促进城镇化健康、可持续发展具有重要作用。中国城镇化的“非均衡”突显、“城市病”出现以及农村“空壳村”问题的显露是“均衡型城镇化”的现实动因，在城市进程中以及城镇化模式抉择的形势下，实现城市的网络化、寻找最佳城市规模、实行农村“就地城镇化”、优化产业空间、促进产业升级，已经成为我国实现均衡型城镇化的现实策略选择。

在未来城镇化的过程中，要改变城镇化的空间模式，遵循位置级差地租的客观规律，不能将所有的资源都投入到大城市和特大城市，而忽视中小城市和小城镇的发展。因此，要不断地优化大城市的发展，加快中小城市和重点小城镇的基础设施建设，积极构建“特大和大城市—中等城市—小城市(包括县城)—小城镇—农村新型社会”为框架的城镇等级体系。要科学推进农村新型社区及中心村的建设，特别是中小城市、小城镇在城乡统筹发展中发挥重要的作用，以县域城镇

化作为未来 10～15 年中国城镇化发展的重要环节。

## 五、从发展目标上来讲，新型城镇化应实现由“一维”经济目标到经济、社会和生态“三维目标”的转变

从“土地城镇化”到“人的城镇化”，既体现着发展阶段的转变，同时，“人的城镇化”也是城镇化最核心的目标。城镇化战略内涵更应该体现在“人的城镇化”而不是“物的城镇化”，城镇化作为我们最重要的战略并不应该成为实现 GDP 和政绩的工具。近几年，我国城市规划界对城市规划学科性质的争辩，其实就是对这种空间工具所带来的负面效应的反思，其争论的实质反映了在城市发展过程中人文主义和科学主义、价值理性和工具理性之间的哲学争辩。一些人强调“城市规划是一门科学”；与此同时，另一些人强调“城市规划是公共政策”，国家城市规划行政主管部门应积极推进城市规划的政策建构。这两种对城市规划的表述体现了城市规划思想史上的人文主义和理性主义。所以，认识城镇化内涵必须由“工具理性”上升到“价值理性”，由“理性主义”回归到“人文主义”。

从发展目标上来讲，新型城镇化应实现由“一维”经济目标到经济、社会和生态“三维目标”的转变，只有这样才能认识到城镇化的本质。无论是“一维”还是“二维”，对城镇化的理解都有失偏颇。我们长期以来的城镇化是简单的一维城镇化，追求城镇化的“大跃进”，是一种典型的 GDP 主义主导下的城镇化，也是政府主导下的土地城镇化，以牺牲社会资源和生态环境为代价。这种大规模的城镇化强烈地改变了我国的自然和社会结构。但当其发展到一定阶段，必然受到资源环境和社会结构的限制。郑永年曾指出，当前的 GDP 主义导向对于社会发展具有极大的破坏性。第一，GDP 主义进入很多社会领域，错误地把社会政策领域“经济政策化”。第二，GDP 主义盛行，社会政策就不可能建立起来。这主要表现在社会保障、劳动保护、教育公平、农民工权利等方面。没有社会政策保障，已经形成的中产阶级就没有保护机制，而更多属于中下层的人更难以上升为中产阶级。所以，GDP 是以破坏社会来保障经济增长的。

当这种“一维”的经济城镇化发展到一定阶段，势必受到社会结构和资源环境结构的限制，要想取得进一步的可持续发展，必须在社会、经济和生态“三维”的目标下取得平衡。因此，我们倡导的“三维”目标下的城镇化新趋势不仅是一种美好的理想，同时也是城镇化可持续发展必须遵循的客观规律，是我国城镇化发展进入新阶段的要求。我们必须要把当前过快的城镇化发展速度降下来，由于城镇化发展在满足经济增长和经济利益因素发展的同时，还受到社会公正和控制生态环

境恶化因素的制约，这使得其发展会产生“外部不经济”，经济增长速度低于“二维空间”，更低于“一维空间”（即只要满足经济增长的要求，也就是只要最大限度地经济增长）的状态。

综上所述，城镇化进程中经济结构、社会结构和自然生态结构具有相互的制约性和促进性。合理的经济结构必须有合理的社会结构来支撑，同时合理的经济结构和社会结构又受到合理的自然生态结构的支撑，畸形的经济结构必然伴随着畸形的社会结构和生态环境结构。新型城镇化必须实现社会、经济和生态之间的协调发展，这是一种在三维目标下的高级协调。

（段进军：苏州大学中国特色城镇化中心副主任、苏州大学商学院教授；张方华：苏州大学中国特色城镇化中心副主任、苏州大学商学院教授）

# “以人为核心”的城镇化：城镇化过程中人的文化与心理适应

江　波　刘彦超

【摘要】 城镇化不仅要实现人的转移，更要实现人的提升和人的幸福。本文基于城镇化过程中人的文化与心理适应角度，从城镇化的社会文化内涵出发，深入分析了“以人为核心”的城镇化，阐释了推进“以人为核心”城镇化的必要性，并从政府、社区、组织和个人层面上作了路径与方向的探究。

【关键词】 以人为核心　城镇化　文化　心理适应

【基金项目】 教育部人文社会科学重点研究基地项目成果之一。

中国从改革开放至今经历了人类有史以来规模最大的城镇化过程，城镇化率从1978年的不到18%，上升到2012年的52%，大约4亿~5亿农村人口转变为城市人口。从人均GDP和城镇化水平两个维度来分析中国城镇化的演变过程，我国正从低GDP和低城镇化水平的低和谐阶段，逐渐转变到低GDP和高城镇化水平的过度城镇化阶段。由此可知，虽然城镇化率快速增长了，但是人的生活水平和各种需求的满足并没有跟上城镇化的发展速度，而且在此过程中还产生了资源浪费、大城市病、居民生活质量不高等诸多令人担忧的现象。人们开始站在城镇化的价值层面的角度，从城镇化后人的“生活条件改善了，生活质量提高了，幸福感增强了”这一最终目标上反思，城镇化的本质到底是什么？事实上，城镇化的推进必须依靠人民，发展成果必须惠及人民，最终目的是造福人民，因此，要高度重视城镇化过程中人的文化与心理适应，走“以人为核心”的城镇化道路。

## 一、“以人为核心”的城镇化内涵

### （一）城镇化的内涵及分析

传统意义上的城镇化强调城镇化过程中物质层面的变化，主要包括四个方面。一是人口城镇化，它是城镇化的核心，其实质是人口经济活动的转移过程。

二是经济城镇化，它是城镇化的动力，主要指经济总量的提高和经济结构的非农化。三是产业结构城镇化，其实质是产业结构的升级换代。四是城市建设和生活环境城镇化，是指城镇空间形态扩大，城镇规模和数量增多，新城镇地域、城镇景观不断涌现，城镇生活环境变化、基础设施不断完善。

新型城镇化被人们熟知是由于党的十八大中央经济会议首次正式提出，“把生态文明理念和原则全面融入城镇化全过程，走集约、智能、绿色、低碳的新型城镇化道路”。从经济内涵看，新型城镇化是以科学发展观为统领，坚持以人为本，以新型工业化和信息化为动力，以统筹兼顾为原则，追求人口、经济、社会、资源、环境等协调发展的城乡一体化的城镇化发展道路；是体现以人为本、全面协调可持续发展的科学理念，以发展集约型经济与构建和谐社会为目标、以市场机制为主导、大中小城市规模适度、布局合理、结构协调、网络体系完善。从生态内涵看，新型城镇化是指人与自然共生共荣，生态环境优化。从制度内涵看，新型城镇化应着眼于建立具有激励诱导、约束控制和分配调节功能的规范人们行为的制度。

从传统城镇化到新型城镇化，突显了城镇化的本质是“以人为核心”。而人在城镇化的进程中，必然会产生生活方式、行为习惯、态度、价值观等一系列由“乡”到“城”的变化。因此，城镇化推进中要特别注意人的文化与心理适应，坚持以人为本，尊重人的主体性，提高人的素质，实现人的幸福。

### （二）“以人为核心”的城镇化

“以人为核心”的城镇化是将安人为上、以人为本作为理念引领，以人的自我实现为动力，以体制机制保障为物质支撑，以态度、价值观、社会角色和行为方式转变为途径，在个人层面上实现人的素质优化和主观能动性的有效发挥，促进人的社会、文化、心理适应，提升人的幸福感，在文化层面上实现城乡文化和而不同、兼容并蓄，最终在社会层面上实现和谐、可持续发展。具体包括以下三个关键点：

第一，实现人的转移。这是实现“以人为核心”城镇化的前提。先从农民到农民工，然后再从农民工转化为市民，这是一个渐进的过程，由退出农村、进入城市和融入城市三个紧密衔接的环节组成。因此走“以人为核心”城镇化之路，要解决好农民工和失地农民市民化的问题，最终实现“个人融入企业、子女融入学校、家庭融入社区、群体融入社会”。

第二，实现人的提升。这是实现“以人为核心”城镇化的根本途径。农民工与失地农民市民化不仅包括转移居住空间（城市化），转变职业身份（非农化），更重要的是重构社会关系（结构化），再适应城市社会生活（再社会化）和转变农民社会文化属性与角色内涵(市民化)。因此,只有转变旧的思想观念,提高人的能力素质,调整人的行为才能获得新的态度、价值观、行为方式和社会角色,以适应现代产业发展、城市文明与社会生活。只有提高人的“融城”能力与“文化适应智力”,获得与现代城市文明相适应的知识、技术与心理素质,才能实现完全的城镇化。

第三,实现人的幸福。这是实现“以人为核心”城镇化的最终目标。正如费尔巴哈所说,人的任何一种追求都是对幸福的追求。因此,任何社会的发展目标从根本上来说也是为了满足人们对幸福的追求。“以人为核心”的城镇化,其目标只有与个人幸福追求相一致,以造福人民为宗旨,以最大程度实现人民的根本利益为城镇化的出发点,让城市居民与农村转移人口能够享受同等福祉,才能实现社会和谐人人共享的生动局面。

## 二、城镇化为什么要“以人为核心”

### (一)基于“以人为本”的管理理念

“以人为本”管理思想的核心在于强调人的积极性、主动性和创造性,关注个体自由而全面的发展,最终达到组织与个人的共赢。城镇化的核心是人的城镇化。将农村剩余劳动力资源转化为城市人才资源,同时提高人的适应性,完善人的人格,使人不仅获得吃穿住行等基本需求的满足,而且获得尊重、求知审美、自我实现等高级需要的满足。在城镇化过程中,制度与文化必须有机地结合起来,在完善体制机制的同时,坚持以人为本,重视人、尊重人、提升人、满足人的合理需求、尊重人的意愿选择,发挥人的能动作用,是“以人为本”的管理理念在城镇化推进中的具体体现。

### (二)对“规模城镇化”的深刻反思

近年来,城镇化一味追求速度和规模扩张,出现了要素结构失衡、空间失衡、产业结构失衡、城市居民与农民工及失地农民之间的权利失衡等问题。这就促使人们对“规模城镇化”进行深刻反思。人与人的文化和社会关系构成了城镇化的实质内容,人的需求层次的提升是城镇与城镇化发展的支撑和驱动力量。因此,城镇化并不是以“摊大饼”的形式扩大外延为内容、以巧取豪夺农村土地为手段、以单纯追求人口的“城镇化率”为标杆的造城运动,而是重在保障人的合法权益、满足人的发展需求、提高人的幸福感、提升城镇品质,在推进城镇化过程中力求实现从“物本”转向“人本”,从“效率”转向“公平”,从“征服”转向“和谐”三大转变。而在移民文化发育不足的中国,有效推进城镇化,农民工、失地农民与城市居民的文化、心理适应和有效融合是急需考虑的问题，农民工与失地农民的市民化、本地化与家庭化是城镇化的“重头戏”。

(三) 对“幸福城市”终极目标的追求

亚里士多德曾说过:“人们是为了生活来到城邦，是为了更好的生活而留在城邦。”这流传了几千年的名言让我们清醒，城镇化带给我们的应该是对美好生活的诉求和对在城镇中谋求更幸福生活的期盼。但是由于城乡几千年来各种特定的生产、生活方式的不同，城镇化过程中必然会伴随着具有不同文化特质的城乡文化的碰撞与冲突。城市文化的理性、世俗性、容忍性、匿名性和非个性化特质与乡村文化的感情性、传统性、拒斥性特质之间的差异，造成了人们的巨大心理冲突、情绪挫折、心理失落、角色困惑甚至行为失范，违背了“幸福城市”的终极目标。因此要推行新型城镇化，建设“幸福城市”，就要从人的文化、心理入手，注重人的文化心理适应，践行“以人为核心”的城镇化。

(四) 是“个体—环境”交互作用规律的使然

城镇化不仅包括那些工业化、信息化等影响人们生活与身心状况的物质层面的外在变化，而且还包括了人们对于这种变化所持有的态度、观念和价值观等文化、心理层面的内在转变。国内学者大多强调了经济制度和生产方式等物质层面的重要性，却较少探讨人的心理是否能够与快速的城镇化节奏相适应。而环境与个体发展关系的整体交互作用论认为，在个体—环境这一复杂动态系统中，个体是一个积极的、有目的性的组成部分，个体的心理、行为和生物层面以及环境的社会、文化和物理层面持续进行的交互作用，引导着个体的机能和发展；环境是随着社会、经济和文化因素持续进行的交互作用过程而发挥作用与发生变化的。这一规律要求“以人为核心”的城镇化不仅要完善体制与机制、改善居住和生产环境、建立宜居而人性化的城镇等外在环境的优化，而且要促进人在城镇化过程中的经济、社会和心理适应，使人们从行为和心理上都能获得与城镇化相适应的素质。只有执行和运用城镇化相关政策与制度的人在态度、价值观、社会角色和行为方式等方面发生根本转变，这些政策制度才能被赋予真实的生命力。

## 三、“以人为核心”的城镇化之路径与方向探究

根据美国心理学家尤瑞·布朗芬布伦纳(Urie Bronfenbrenner)针对个体发展与环境之间关系提出的微理论，个体的生态环境是由微环境系统、中间系统、外层系统和宏系统相互嵌套而形成的。因此，要实现“以人为核心”的城镇化，促进人

在城镇化过程中的文化、心理适应，政府、社区、组织与个体必须合力联动，各种力量形成内外结合的支持合力，提供文化、心理和社会支持，满足人对安全、归属、尊敬、价值实现的需求，进而提高人的心理弹性，有效应对文化差异带来的各种心理冲突，优化心理素质，完成文化、心理适应，实现社会和谐。

### （一）构建政府文化支持系统

根据 Bourhis 等人的相互作用文化适应模型（IAM），若政府采取多元文化、市民化的移民政策，那么主流文化群体倾向采取整合态度；若政府采取市民化或者熔炉主义的移民政策，那么主流文化群体倾向采取融合态度；若政府采取熔炉主义或者种族主义的移民政策，那么主流文化群体倾向采取隔离态度；若政府只采取了种族主义的移民政策，那么主流文化群体倾向采取排斥态度。由此可知，文化适应是一个动态的过程，主流文化群体的文化适应态度深受政府的移民政策影响，而社会的良性运行、协调发展也是靠政府行为来实现的，因此政府是实现“以人为核心”城镇化的最为重要的支持力量。

#### 1. 以权利平等为目标，以梯度赋权为手段，逐步破除制度障碍

“以人为核心”的城镇化以实现全体居民在基础教育、基本医疗、基本社会保障、公共就业服务、基本住房保障等方面享有平等权利为目标。创造条件，制定时间表、路线图，逐步开放户籍限制，加快破除城乡二元制度，进一步实现户籍与福利的剥离，最终实现城乡居民身份统一、权利一致、地位平等，为城镇化过程中的文化、心理适应提供物质支撑。借鉴广东、上海“居住证”制度，实行农民工积分入户政策，先让外来人口凭居住证享有一些基本生存、发展权利，在领取居住证和缴纳一定年限的社会保险费后，并符合其他入户条件，可申请常住户口，进而享受更高级别的权利。以实行梯度赋权为手段，改变居民获取权利的方式，由原来的“门槛式”过渡到“阶梯式”，具体来说，是使原来的“高门槛、一揽子”获得所有权利的方式过渡到“多台阶（进入）、渐进式（享有）”的权利获得方式，即淡化户籍作为唯一的权利门槛的功能，找到其他体现权利与义务对等的替代性管理手段，逐步稳妥地赋予相关权利。

#### 2. 以消除歧视为目标，以媒体为载体，正确引导多元化意识

Berry 提出主流社会对于移民的社会态度（包容或者歧视）和文化意识形态都是影响移民群体文化适应的关键变量。当主流社会对移民持包容态度、支持多元文化意识形态时，可以为移民的文化适应提供新定居地积极的社会背景，移民则更少被强制性地放弃其原有的文化传统，并且可以获得更多的社会支持，因而更

有利于其文化适应。Zlobina, Basabe, Paez 和 Furnham 提出,歧视知觉对移民社会文化适应困难有显著正向预测效应。因此,政府应该充分发挥网络博客、SNS 社区、论坛、微博、播客等新型社会化媒体与电视、电台、报纸、杂志等传统媒体的作用,正确引领舆论,传播平等的多元城乡文化意识。取消对农民工与失地农民带有歧视性的称谓和文化偏见,改用“新市民”等称谓,消除市民对农民工和失地农民的误解与歧视。在舆论宣传中增加尊重、重视农民工与失地农民的内容,引导城镇居民以平等的态度对待农民工与失地农民,从意识层面上改变对流动人口的偏见。由此营造接纳和谐的社会氛围,有利于农民工与失地农民融入城镇生活。

**3. 以素质优化为目标,以培训为途径,构建文化适应培训体系**

文化的习得性表明,城市文化可以在后天的文化环境中通过培训而逐渐内化于个体。跨文化适应是一个动态平衡的过程,通过跨文化培训可以掌握必要的跨文化行为技能。因此必须重视培训在促进人的文化、心理适应过程中的作用,由政府牵头组织和管理、发挥职业技术院校和企业用人单位的主体作用,设立村级人社服务站,解决城乡居民就业创业机会不均等、资源不平衡、服务体系不完善、人员流动不顺畅等难题,建立统筹城乡一体化的就业创业服务体系。

在培训过程中既要重视培训内容与目标的协调一致,又要把握培训的最佳时机。一方面,要加大知识技能培训,在物质条件上减少文化表层的冲击。通过多元文化知识、沟通技能、劳动技能培训,建立对城乡文化的理性认识,实现有效的沟通,获得满意的工作,实现基本的经济适应。另一方面,根据文化适应的时间规律,在第一个适应困难低谷前完成知识与技能培训,在第二个适应低谷前进行社会心理培训,缓解城乡文化深层次的矛盾。通过自我效能、自主学习能力、情绪管理、敏感性训练培训,增加应对问题的自信心,消除孤独、焦虑等负面情绪,预防文化冲突发生,最终接纳城乡文化差异。

### (二)构建社区文化支持系统

社区建设与生活在特定社区的人息息相关,社区在为居民提供物质与精神支持方面担当着重要的角色。美国在为解决城镇化带来的社会危机历史过程中,约翰逊执政时成立经济机会办公室作为专门治理城市的机构,下设工作队、社区行动处和邻里服务中心,深入社区,提供服务,了解基层民众关心的问题。小布什政府设立“信仰依托和社区动议中心”,提供信息和相关资源,强化草根层在社区建设中的作用。

我们必须注重构筑一个全方位良好的社区环境,依靠社区力量,利用社区资源，强化社区功能，解决社区问题，为社区居民提供文化、心理适应支持，真正落实“以人为核心”的城镇化。

**1. 提供社区心理支持**

城镇化过程中农民工和失地农民“维护传统的先赋权威的价值体系”与城市居民“以成就、理智和科学为取向的信仰体系”的激烈碰撞带来一系列心理冲突，主要表现为农民工和失地农民心理失落、情绪孤独、有被歧视感、自卑等心理问题。因此，一方面，社区志愿者在社区的呼吁下，积极参与关爱农民工与失地农民的活动，他们通过义务提供指导、交流等实际行动来关爱农民工与失地农民的身心发展。另一方面，社区在心理咨询室的基础上，与专业心理服务组织（如苏州的“苏老师工作室”等）合作，构建专业的心理疏导与治疗体系。这种志愿者与专业服务组织结合、普及性与专向性结合的支持方式，有利于建立健全的心理健康服务体系，为农民工与失地农民的心理健康发展提供有力保障。

**2. 建设“数字化学习型”社区**

“数字化学习型”社区是以构建学习型社会为宗旨，以现代信息技术为手段，以既定行政区域下的各个社区为单位而建立的，它能够为广大社区居民提供便捷、多样化的教育服务。建设“数字化学习型”社区，借助教育技术服务数字化这一现代手段，不仅能够更好地满足居民的教育需求，从知识、技能、文化、心理等方面提高其素质，而且能够有效地提高居民就业的竞争力，促进居民继续社会化，以适应城镇化不断发展的客观要求。通过自我教育、自我监督、自我服务，有利于激发居民的参与精神，确立社会责任感，支撑社会主流道德文化，渗透和延伸道德建设在社区中的内涵。因此“数字化学习型”社区可以提高社区居民的整体素质，促进社区文明，增强居民的认同感、归属感。

坚持教育与服务相结合，学习型社区与社区管理相结合，在互联网上建立起社区服务网站，使社区内的各种服务都基于网络来完成，发展社区的资源获取能力、资源整合能力，提高服务群众的执行力。通过创新活动、组织、管理方法，创建“内力驱动、区域联动、特色拉动”的“数字化学习型”社区，实现居民终身教育与终身学习双向强化。

**3. 加强社区文化建设，改善人文环境**

社区文化作为与社区群众联系最为紧密的文化体系，其自身的娱乐性、艺术性、知识性、教育性，不仅能使社区群众不断提高自身的素质和主人翁意识，满足居民对于精神文化的多样化需求，而且可以加强城镇居民与农民工、失地农民的交往和互动，改善人际关系，达到相互认同，最终形成公正、平等的社区人文环境，增加农民工与失地农民对城镇文化的认同感和归属感。

首先,开展丰富多彩的社区文化活动。利用各种有效载体,通过开展社区邻里活动、社区文体活动、情系新城市居民活动等内容丰富、形式多样的文化活动,尽可能地满足居民对精神文化生活日益增长的需求,使社区文化活动寓教于乐,群众喜闻乐见,这样就能吸引广大居民积极参与其中。其次,把社区作为居民文化活动的阵地,为群众排练文艺节目,举办展览,开展图书报刊阅览,宣传科普和时事等举办各种活动必要的场所。再次,定期请专家在社区开展文化教育讲座,有利于增加居民间的相互理解,消除刻板印象,真正达到在心理上相互靠拢、认同和接纳。

(三)构建组织文化支持系统

城镇化形成高度组织化的社会。城镇化的一个显著特点就是社会组织取代初级群体成为占据主导地位的群体形式,而社会组织是协调国家利益、集体利益和个人利益关系的中介,是维护社会稳定的"安全阀",是农民工与失地农民社会服务供给第三方主体。为农民工与失地农民提供服务的各类社会组织在联系、协调、管理、服务等方面,拥有政府职能部门所不具备的优势。因此构建组织文化支持系统对于推进"以人为核心"的城镇化尤为重要。

**1. 实施员工心理援助计划(EAP),提升心理资本**

EAP即员工心理援助计划,是指通过专业人员为员工提供诊断、评估、培训、专业指导与咨询,帮助员工及其家属解决各种心理和行为问题。由于农民工与失地农民在城镇化过程中面临各种由文化冲击带来的压力源,并多在劳动强度大、时间长、工作单一的劳动密集型企业工作,再加上其心理素质较差,心理脆弱,因此对EAP有着更为迫切的需求。组织要实施EAP,首先,要对EAP进行宣传,使农民工与失地农民对EAP有深刻的了解,在有困难时能主动寻求EAP的帮助。其次,应该积极开展职业解压、人生规划、人际沟通、情绪调控、亲子教育、恋爱婚姻关系处理等心理健康主题沙龙。再次,通过团体心理辅导使农民工与失地农民获得工作人际支持、找到组织归属感和认同感。通过个体咨询提供更加专业和深入的心理咨询服务,帮助农民工与失地农民解决各种心理困惑,提高心理适应能力,最终提升他们的"心理资本",提升其工作幸福感、职业满足感。

**2. 建设"新型工会",保障合法权利,建立诉求表达机制**

利用工会拓宽农民工与失地农民的利益表达渠道,让其利益诉求纳入制度化、法制化、规范化的轨道。加入工会可以使农民工实现从农民转变为职工、从农村人变成城里人的理想，对城市产生强烈的归属感与认同感。但是由于农民工与失地农民就业稳定性差、法制管理不强、维权意识淡薄、维权途径异化及工会本身缺乏吸引力等原因，必须要建设以农民工与失地农民为主体的“新型工会”。首先，以农民工与失地农民的劳动就业、社会保障、收入分配、劳动安全与卫生为重点，完善工会的维权机制，增强维权实效，切实保障农民工与失地农民合法权益。其次，因地制宜、因企制宜探索新的管理模式。借鉴“联合工会模式”，建立地区、社区、企业的“三级”农民联合会，农民工和失地农民入会不仅采取免费形式，其还可以享受城市居民待遇；采取“双向维权模式”，其核心是“源头建会、属地管理、联合互动、双向维权”，形成农民工输出地与输入地两地工会联手双向维护农民工合法权益的新机制；建立“源头管理模式”，即在源头上组建工会，入会主要由输出地负责，维权由工作地出面。最终使“新型工会”成为农民工与失地农民维权社会化的重要组成部分。

**3. 培育和发展 NGO 组织，实现社会效益最大化**

服务农民工与失地农民的 NGO（非政府组织）凭借其贴近群众、贴近基层、贴近实际的优势，为农民工与失地农民提供了良好的服务和保障，是其可以信任和依靠的“港湾”。通过培育和发展 NGO，健全 NGO 的作用机制，可以弥补政府作用机制的不足，形成管理社会的整体合力，这既有助于农民工与失地农民的利益整合，又有利于政府更好地发挥监管服务功能。NGO 要实现农民工与失地农民群体的自我管理与教育，维护农民工与失地农民的合法权益，提高农民工与失地农民文化、心理适应能力，实现社会效能最大化，可以从以下几个方面入手：首先，积极引导各城市 NGO 健康发展，政府理念从控制型转变为促能型。支持农民工与失地农民参加各种 NGO，提高 NGO 的公信力，进一步增强人们对 NGO 的认同感和责任感。其次，也是最根本的，是加强 NGO 自身专业行动能力储备，强化角色定位，推进服务专业化。再者，加强内部组织科学化、制度化的管理建设。建立自身的人力资源体系和制度规范，吸引优秀的领导人才和专业人才，提高 NGO 的筹资能力。最后，加强与政府的互动，获得更多的政府支持资源和更好的发展平台，形成资源共享、各尽其能的局面。

### （四）构建个体文化、心理适应内部支持系统

根据勒温的心理动力理论，为了理解或预测行为，就必须把人及其环境看作是一种相互依存因素的集合。个人是否能顺利完成文化、心理适应，不仅受到政府、社区、组织等外在系统的影响，更为重要的是得到个人内在系统的支持。因

此,要实现"以人为核心"的城镇化,促进文化、心理适应,还必须发挥个体主体性作用,重视个体文化、心理适应支持系统构建,增加个体的心理弹性。

**1. 构建开放性的社交网络**

农民工是否参与和认同所在城市的各类组织,是否积极构建自己的社会交往网络,是衡量其城镇化程度的一个重要指标,农民工与失地农民就是通过与城镇市民的互动来汲取社会资源、建立与城镇市民的社会联系的。农民工与失地农民在城市中"孤岛化"的生活,势必会阻碍其社会资源与社会支持的获得。因此必须在城市中构建开放性的社会关系网络,建立农民工与失地农民向高社会层次流动的社会机制,以实现其社会地位的跃进和提高,防止其社会阶层的凝固化,为其文化心理适应奠定社会基础。主要可以从两个方面构建开放性的社交网络,一是为获得情感性支持,"拓展"社交关系网络。通过在城市中完成老乡关系的"再确认"扩大以初级乡土关系为主导的社会关系网的规模。二是为获得理性工具支持,"重建"社交关系网络。致力于重构以与城市居民关系为主导的社会关系网。农民工与失地农民应主动走出狭窄的交往圈子,打破"内卷化"格局,通过与社区城市居民频繁的互动与交流建立信任和友谊;开拓利用如老板、包工头、居委会干部等"结构洞"资源;积极参加一些正式或非正式的组织,从而吸收新的社交网络元素。最终建立一个以初级乡土关系为依托,以街道社区为纽带,以企事业单位为基础,以政府为主导的开放性社会交往网络。

**2. 完成社会角色转变,实现再社会化**

社会角色实现由农民到市民的转变,社会对于其期望行为模式也发生了变化,其行为必须要符合市民这一特定的社会角色,以市民角色标准来衡量其个体行为。因而农民工与失地农民的再社会化状况是衡量农民工与失地农民文化适应的一个重要方面。但是,农民工与失地农民都承受着农民与市民这两种角色带来的冲突,造成了角色认同的迷茫。因此要更好地融入城市,促进文化、心理适应,则完成社会角色转变是应有之义。由于农民工社会角色转换意识的强弱直接关系到其角色转换的成功与否,因此,农民工与失地农民需要对"市民"这一新的社会角色的认知方面、情感方面和行为方面得到很大的提升,有意识地舍弃旧的、不符合城市生活的社会规范与价值观,不断改变自我、调整自我的行为方式,逐步接受城市生活方式、处事方式、思维方式、人际交往的方式,培养起城镇化所需要的秩序、法制、计划与时间观念,从思想上真正内化为城镇居民。

**3. 培养自主学习能力,增加竞争力**

自主学习就是自我引导、自我激励和自我监控的学习,对自己学习过程的批评、反思和决断、独立行为的意愿和能力。农民工与失地农民在知识技能水平、问题解决能力方面与现代城市文明的要求存在客观差距，因此农民工与失地农民必须培养自主学习能力，增加自身竞争能力。首先，培养自我管理学习的能力，包括自我筛选符合自身需要的学习内容、设定合理目标、确定可操作的学习方法以及自我管理学习的过程。其次，培养知识获取的能力。通过网络、多媒体课件、移动学习的自主学习形式，最快、最经济、最省时地利用所有机会学习，培养自主知识获得的能力，以及相应的信息整合和应用策略能力。再次，增强内部学习的动机。结合自身职业发展确定学习目标，增强内部动机，促进自主学习能力的提高。最后，培养学习效果评价的能力。进行恰当的自主评价，树立信心和提高自我效能感，保证自主学习的可持续进行。

**4. 及时进行自我心理调适**

Adler提出了文化适应的五阶段模式假说，分别是接触阶段、不统一阶段、否定阶段、自律阶段和独立阶段，并指出在不统一阶段，移民在异文化的压力之下变得前途迷惑、情绪低落、情感孤独，产生强烈的无所适从感。因此，是否能够及时进行自我心理调适直接影响到农民工与失地农民的幸福感。心理调适需要社会环境的重视和改善，医疗咨询保健机构的介入和干预，但其本人对自我心理状况理性的判断，找到问题的症结所在，并积极努力改变，才是解决问题的根本途径。首先要改变观念，正确认识城市生活，消除"打工低人一等"等错误观念。其次要调节情绪，对文化适应的压力做出合理归因，掌握一些情绪调节技巧缓解自身情绪，以积极、乐观的心态对待生活。再次要矫正行为，自觉采取"解冻、转换、再冻结"的步骤完成文化适应。最后还要努力提高自身的素质，努力从职业能力、文化素养等方面提高自己，全面适应城镇生活。

（江波：苏州大学中国特色城镇化中心副主任、苏州大学学报编辑部副主任；刘彦超：苏州大学教育学院硕士研究生）

# 新型城镇化与管理体制创新

# 中国城镇化的政府推进与程序控制

孙　莉

【摘要】 中国的城镇化过程很大程度上是由政府主导推进的，对这一"推进过程"来说，法律应否在场以及应当是怎样的在场，应是法治视域下应有的提问方式。研究发现，既有的中国城镇化政府推进"过程"是法律不在场或在场不足的，这主要是指对政府"推进过程"的法律控制特别是程序控制的缺位。以过程哲学和程序的法理观照中国当下城镇化政府主导推进的特质，可以发现，法律在场应更多是程序的在场，应通过更多具有公开性、参与性、论辩性、交涉性的程序设置使城镇化的政府推进过程正当化，使之成为公开、参与、包容、话语、理性和反思的过程，同时应培育使过程正当化得以实现的相应条件，以使得城镇化对于与之利害攸关的主体说来不是"被……"的过程。

【关键词】 城镇化　政府推进　过程正当化　程序控制　配套机制

今天，呈现迅猛发展态势的中国城镇化进程深刻而广泛地影响着经济生活、政治生态、社会结构和文化格局，进而成为各学科竞相关注和研究的重要领域。关注是共同的，然而各学科提出问题的方式和角度却大不相同，甚至同一学科内都可能有别。在笔者看来，法学研究对中国城镇化提出问题的方式或角度应是这样的：中国的城镇化"过程"中，有无法律的"在场"？有无法律在场的必要？若须有法律在场，应是怎样的在场？又为什么应是这样的在场？之所以有如上的发问姿态，是因为这与中国城镇化过程的特质有关。

## 一、政府主导推进：中国城镇化过程的重要特质

在西方学者看来，中国经历的是具有相当独特性的城镇化过程，政府主导和推动是其最重要的特征，因而政府的角色和作用成为其特别关注的重要领域。应当说，这样的一种关注与本文主题之间具有较大的相关性。

中国学者关于城镇化的研究也同样注意到这种特质，只是政府的主导推动常

成为研究的背景或出发点，相关研究大多是为政府决策提供咨询和智力支持的。法学界对城镇化问题的研究大多着眼于对城镇化所带来的问题（如土地、资源、生态环境和农民、农民工权益保护）的法律解决对策方面，一些涉及城镇规划、政府拆迁、融资监管等问题的法学研究尽管表现出对城镇化政府推进行为本身的关注，但总是更多着眼于实体的，且为政府提供策论似乎也多于对政府主导推进这一模式的反思和警觉。显然，意识到政府主导推进是中国城镇化过程的特质，也并不意味着提出和解决问题的立场与方式是共同的。

与西方发达国家的城市化更多呈现为与工业化、市场化相伴生的自发渐进过程有别，中国的城镇化更多表现出政府主导推进的特质。政府主导推进当然需要仰仗于集权体制和权力运作机制，我们在体制上具备这种条件，而国人也习惯甚至愿意看到国家通过集权方式整合资源、凝聚力量、“集中起来干大事”。城镇化便是这样的一个大事，由政府主导推进确乎有助于整合资源、凝聚力量、直奔主题、高效率地接近和实现城镇化目标。然而，在现代法治视域下，中国城镇化过程的政府主导推进本身是值得高度警惕的，这是因为：

权力本身就是值得警惕的，尽管权力因其公共性而被需要，但其同时具有单方面性和强制性；物质性、组织性和自行进行性；扩张性、侵犯性和腐蚀性。倘若国家又为某一特定目标的达致呈现出不遗余力的积极主动姿态的话，其可能带来的侵犯性、威胁性和腐蚀性就更值得警惕。

不仅如此，中国的城镇化过程主要是由行政权推动的，其更具有值得警惕的特征。第一，行政之“行”意味着走、流动、传布、从事、作为等，字义上即有主动行动之义，组词也多与主动行动相关。行政作为积极的管理或控制，表现为行动的权力，可主动出击、自行发动，具有主动性。而这种主动性则可能意味着更强的扩张性和侵犯性。第二，行政作为一种行动的权力，总是更关心和服务于一定的目标和效率，其强烈的目标导向更易在手段上无所不用其极，更强的灵活性也带来更多非确定性和不安定性。第三，作为行动的权力，行政更关注行动的结果，而过程本身是否合理或正当起码不作为首要的关注和评价尺度。第四，行政更注重结果与行政更追求效能和秩序有关，一般而言，行政注重投入与产出的关系，其任务是促进和保证更大的产出，在价值取向上往往是效率优先。行政权的这些特有属性，提示我们更应对由政府主导集聚力量主动推进某一战略或目标保持警惕。

更何况，中国城镇化的政府主导推进过程是缺乏法律在场或法律在场不足的，因而可能呈现权力的某种“裸奔”状态。需要提醒注意的是，这里强调的是对“过程”本身的法律在场，即出现以下几种情形：

首先，对政府"主导推进过程"本身的法律控制特别是程序性控制相对匮乏，从这个意义上看法律是不在场或在场不足的。我们看到，即使在新近制定的《城乡规划法》这样一部理应以规制行政权为基本取向的重要法律中，较为具体的行政审批、备案及人大常委会审议的程序规定或许不乏，然而针对城乡规划的制定、实施、修改、监督检查和责任追究的公众参与性程序仍很稀缺，特别在借助公开性、交涉性、论辩性的程序性制度来控制政府行为方面，更是缺乏。更不要说被其代替的旧的《城市规划法》，其甚至没有任何关于公众或利害关系人参与的程序性规定。

其次，城镇化政府主导推进过程中，真正实质性在场的是政策或红头文件，甚至是党政首脑的决策或指示。中国城镇化过程是在中国现有政治体制和权力运作机制的框架下展开的，当然会遵循现有政治体制、权力运作机制的基本逻辑。这就是说，一旦某一事项成为党的战略目标，就变成了各级党政机关可以不计成本调动任何资源、积聚任何力量、采用任何手段乃至非常规的运动方式来操作的东西了，这时候，政策、红头文件或领导批示都可能直接成为使这种操作得以堂而皇之进行的"制度性"平台，权力便可直接裸奔着上场了。特别像城镇化这种"中心任务"既与各级领导的政绩考核和升迁挂钩、又与地方土地财政密切关联，其所带来的权力操作动力便可以想象了。然而，第一，由于政策是目标导向而非过程导向、实体导向而非程序导向的，同时行政权又最是目标、结果和实体导向的，故而城镇化的政府推进行为更多的是用目标来论证过程、用结果来证成手段、用实体来评价程序；又由于城镇化目标一边连着地方政府的土地财政，一边连着党政官员的绩效考核和升迁，目标、利益和绩效的驱动促使地方党政机关和官员不计成本、不问代价，在手段上、过程上无所不用其极。强行圈地、强行征收、强行拆迁、急功近利、弄虚作假，甚至与开发商共同联手损害农民、市民或其他相关利益人的权益等，并非个案。"十五"规划提出推进城镇化战略以后，全国由省（自治区、直辖市）、市到县、区、乡镇几乎各级政府都制定并颁布了关于"加快"或"推进"城镇化建设的"决议""意见"或"通知"，其中充斥着"加快进程""大力推进""加大力度""下大力气"等字眼，所列内容多为实体目标，而关于过程和程序甚至关于法律的内容几乎没有或仅为只言片语；在各级政府的政绩考核指标中，若干年内要达到的城镇化率是其重要指标。当政策目标与政府利益、官员升迁捆绑在一起的时候，结果极有可能是深受城镇化影响的农民、市民的利益作为代价而被付出，所谓"被城镇化"即为此意。第二，由于政策具有较强的灵活应变性，特别是在具有集权特征的权力结构下，政策的形成和执行更多带有随意性和长官意志特征,常常是红头文件和领导讲话代表一切,这使得城镇化过程本身缺乏应有的常规性、确定性、稳定性和连续性,深受城镇化影响的民众的合理预期往往落空,利益随之受损。第三,由于政策不具有法律上的可诉性和可问责性,所以当政策带来失误或不利后果,甚至对利害相关的农民、市民的权益造成损害时,农民、市民或企业无法诉诸法律寻求权利的法律救济,决策的制定者却可凌驾于法律之上而不被问责。第四,由于权力结构的特质,我国国家权力体系外独存一套自上而下的党的组织系统,来自政府的政策尚可在一定程度上进入法律流程,而党的政策在现有体制下则一般难以纳入法律流程,除非其转化为国家的法律或政策。现实中的操作也常常是政策出自党政机关的联手,因而其制作流程亦变得模糊,法律的程序控制自然也就大受限制。

再次,中国的城镇化主要凭靠政府及其政策主导推进这一特征,使其不仅具有天然地摆脱制约直奔目标的倾向,且内含着要求法律为其提供制度证成的强悍因素,法律似乎只在有助于强化权力、论证决策或为决策提供佐证的意义上才可能被强调,这正是前面提出我国城镇化过程缺少法律在场或在场不足的意旨所在。显然,对城镇化的政府推进而言,法律是对城镇化带来问题的法律回应意义的在场,还是论证或佐证意义的在场,抑或是对“主导推进过程”本身的规制意义的在场,是中国城镇化的法学研究必须面对的问题。

## 二、程序法理:城镇化政府推进的过程控制

如前所述,中国城镇化进程中政府主导推进的特征不仅关乎法律在场的必要,更主要关乎怎样的在场或在场的方式。尽管市场机制和政府主导的城镇化都需要法律的在场,但在场的方式有所不同。自然渐进的与工业化和市场化相伴生的城镇化过程尽管同样需要法律的在场,然而其更多的是对城镇化带来问题或挑战的回应和调整。这一方面因为自然渐进的过程本身更多被自发性左右,带有某种自然的必然性,法律更多的是顺应其规律做适应性调整;另一方面因为对自然渐进的过程,政府权力积极、主动、有目的的干预和介入不多,而法律通过程序对过程本身的控制和规约往往是针对权力的,这正是程序更多存在于公法领域、更多指向公权力运作的因由。中国的城镇化过程是更多的政府主导而非更多的市场带动、自然演进,对政府主动推进和操作过程本身进行法律上的控制就是必要的,因而法律的在场应是对政府主导推进“过程”本身的规制性在场,特别是程序的在场。

### （一）过程哲学与程序的法理

在过程哲学对世界的解释方式之下，“现实世界是一个过程，这个过程就是各种实际存在物的生成。”过程与实在是同一的，“世界的实在性在于它的过程性，过程就是世界，世界就是过程；过程就是实在，实在就是过程”。因而，过程是根本的，过程性是世界的本真状态，离开生成过程，就不存在真实而具体的实在。这一解释世界的方式对本文所要强调的基本立场来说构成一种重要的启示。

以过程哲学的解释方式观照城镇化过程，我们发现：第一，城镇化过程本身即具有实在性。其不是一个美好目标的许诺，然后在许诺之下使个体天经地义地成为这一目标的工具，进而以所谓“公共利益”无需证成地取代个体的权益主张，而是它本身即是实在。因而城镇化的政府推进在制度安排、决策选择、规划编制、争端解决和补偿救济等方面就不得无视过程，将过程视做可有可无、可以随意处置、附着于目标或结果的无需顾及和证成的东西，而必须关注过程，认真对待过程，不断充实过程要素，使过程不断正当化。第二，城镇化推进过程本身具有当下性。过程总是在一定的时间和空间中展开的，是特定时空中的每一当下。相对于结果的未可预期或目标的宏大悠远而言，过程是更为切实、当下和现实的，是可感、可见、可欲、可触摸、有质感的，因而是更能被寄托现实期待，也更可能被兑现和实现的。城镇化就体现为一个个相对确定的当下的现实过程，体现为每一决策、规划、行政决定的制作和实施过程，体现为在这类决定的制作和执行过程中个体与作为个体集合的社会群体如何被对待。所谓“看得见的正义”正是此意。第三，城镇化过程具有可控性。过程的可控不只在于其可见、可感、可直接亲历，还在于过程是实时、连续、累积、前一环节对后一环节构成牵制关系的，因而过程控制是过程本身的牵制性控制。不止如此，过程本身具有条件性和开放性，它包含着一系列动态变量和条件，受不同变量和条件对比关系的左右，生成的结果可能是不确定、未可预期的；但同时，过程的每一环节都存在可测量、可调整、可控制的节点，可以进行条件和要素投入或输出的调整，从而使得结果的生成在相当程度上变得可控。显然，人们能够更确定地把握的更可能是过程本身，甚至可以说，控制了过程，也就在相当意义上控制了结果。借助于城镇化政府推进过程的可控性以限制和修补实体内容和结果，理应是一种明智的选择。第四，城镇化过程具有反思性。过程之所以可控，还源自其试错性、反思性和回应性。过程通常不会总是向着所谓预设目标线性地发展下去，而是在进程中不断试错、反思、修正和调整，目标也获得不断被修正和校调的机会。借助过程的反思性来修正校调实体内容和结果，是城镇化应以过程正当化为取向的重要因由。第五，城镇化过程具有生成性。过程的实在性、独立性、反思性意味着目标和结果只存在于过程之内，是由一个个当下的切实的过程生成的。离开生成过程，就不存在真实而具体的实在。因而那种只要目标或结果“正当”，手段上可以无所不用其极、过程上可以在所不惜的城镇化政府推进，往往目标或结果的正当性本身也值得怀疑。第六，城镇化过程具有证成性。过程的生成性同时也意味着其对于结果或目的的证成性。目标或结果不能证成过程，反而是要由过程本身来证成的。因而，城镇化在结果或目的上的正当，恰恰是要由过程或手段的正当性来说明的，而不是话语操纵者只要预先宣称目的正确，就可以为其对个体权利的戕害证成。

既然过程本身即是一种具有独立性的实在，且目标或结果是由过程生成和证成的，则如果城镇化的决策和规划的制定及实施过程本身是无所制约、只剩权力自己裸奔的话，则没有理由期待这样一个城镇化推进的结果本身是能够获得正当性证成的。依据过程哲学和法治原理，对政府权力推进过程的法律控制应更多表现为程序的控制，这是因为：第一，对政府权力的规制需要程序要件的满足。第二，政府权力行使的过程性要求对其制约的程序性。第三，程序特别是正当程序本身即为控权机制。正当程序所要求的明确的角色分化及以此为基础的公开性、参与性、交涉性、中立性、对等性、合理性、自治性和及时终结性等即是一种权力间建立相互牵制关系的安排，构成对决定者或程序指挥者牵制与掣肘的力量。第四，程序制约的过程正当性是法治之德的核心。过程正当性是法治的品德，这种过程正当性特别表现在它们的程序上。对于法治而言，实质的正当性要由过程本身的正当性来说明和证成，正当程序或许具有某种终极价值或判准的意味。第五，程序的牵制性有助于催发权力结构的合理变化。只要设计和富有实效地操作了一种具有正当性的程序，便有可能催发出权力实质结构上的细微改变。改变尽管细微，但点滴渐进的积累会令我们不断向目标接近。

### （二）过程正当化与程序控制

现代法律程序作为冲突和妥协的制度化交涉装置在限制恣意、实现理性选择、保证结果的妥当性和可接受性、促进效率、维持和平与秩序、保障和尊重尊严等方面具有重要的价值和功能。城镇化政府推进过程的正当化就是在城镇化推进的决策和规划的作出、实施、修改、监督、责任追究、争端解决、补偿救济过程中，更多地加入公开性、参与性、论辩性、交涉性因素，增加与城镇化利害相关的农民、市民（或其联合）同政府、开发商等强势主体平等谈判、协商、论辩、交涉的程序设计，使这一过程成为公开性过程、参与性过程、包容性过程、话语过程、理性过程和反思性过程。

1. 公开性过程

公开、透明、开放所体现的公共理性是现代统治和治理的合法性基础。不仅如此，公开还是一种反思纠错机制，它使政府的决策和行动因被置于众目睽睽之下而不敢过于恣意，也使失误更易被发现和纠正。这里所强调的公开意味着：第一，政府推进城镇化的决策、规划和行动，应以公开为原则，但保密为例外，且保密的范围、期限、方式都应以经由正当程序（即公开、透明、充分论证、互动参与的程序）制定的法律为据。第二，公开不只指结果的公开——尽管这也必须，公开特别指向的是决策制作过程和程序本身的公开。因为使与城镇化利害相关的个人或公众对与自己利益关涉的决策过程一无所知却要承受决策带来的后果，是对人的主体性的漠视和侵损。第三，公开还意味传媒和舆论以及公共论坛或言论空间的开放，开放的前提是媒体的独立、社会化和切实的法律保障。第四，公开应包括对不公开行为追责机制的设置，若政府的职责不能有效履行，应引来法律上的投诉和问责。

2. 参与性过程

政府主导模式往往建立在政府理性上无限因而可进行主导性且正确性决策这一前提之上，但是，我们看到：第一，政府在理性上也是有限的，决策失误甚至重大失误也可能出自政府。正因为政府理性也有限，便需要广泛的对话、协商、论辩、交涉等多元参与的公共理性来保证决策的科学、合理和正当，防止和纠正可能的失误。第二，城镇化实际承受利益或负担的主体是一个个个体，城镇化首先是他们的城镇化，如果城镇化真的需要人为推动的话，这些与城镇化利害相关要领受城镇化后果的活生生的个体，才应首先是城镇化运作过程的主体，而不仅仅是“被城镇化”的受体。第三，城镇化是农民、市民和开发商、政府就公共选择采取互动行动的过程，因而参与是其关键词，城镇化应尽可能是在各方利益互动、交涉、博弈、妥协的基础上形成起码共识、实现共赢的过程，而这一过程应是在制度和程序内的。

参与应是自由、平等、实质性的参与。第一，自由参与首先意味着个体和公众的参与是自由自愿的，既不被强迫也不受非法限制。其次意味着参与不只意味着同意和承认，也把异议、反对和批评制度化地包含在内，因为只有当承认和异议同时制度化时，承认才能成为排除了超越之力的法治秩序的真正可信的价值根据。第二，平等参与首先意味着与城镇化利害相关的农民、市民在城镇化决策选择、规划制定及其实施方面拥有平等的参与权，是平等的公共决策选择的参与者。在利益、价值多元态势下，没有关于真理的事先预设，有的只是在正当过程、沟通理性和论证规则安排下不同主张诉求的论辩、交涉和妥协，以及经此达成的最低限度的共识，因而所谓谁主导、谁参与的设定其实暗含谁当然握有真理的前提预设。其次意味着参与是公平的，它包括决定者的中立地位、信息和证据的对等与公开、类似情形类似处理和给予弱者及处于不利地位的主体以特别的权利武装，使弱势主体与政府和开发商的博弈是公开透明、势均力敌的程序中的博弈，而非程序外的甚至是以生命为代价的博弈。第三，实质性参与意味着参与应实质性地影响结果，程序的结果必须在程序过程中产生，结果中包含程序参与者的参与因素。

自由平等实质性的参与需要能够容纳对话、论辩、交涉性要素的程序运作机制。这包括：(1)听证程序的制度化。听证不应是与论证会、座谈会等征求意见方式并列的、可被政府自行选择的方式，而应成为法定的必经的制度化形式，应在城镇化的决策、规划、征收、补偿决定的形成、实施、修正程序中设立明确具体的听证规则，特别是“案卷排他”等使得参与本身更具有实质性的规则。(2)谈判机制的设置。特别应当给资源和能量上处于弱势的农民、市民一方以程序上更多可以与强势地位的政府和开发商讨价还价的权利武装，以使双方能在对等和平等的地位上展开真正富有意义的对话、谈判、协商与交涉。因为在实体上处于弱势地位的农民、市民如果没有程序性平台可以就规划及其实施与政府或开发商协商、论辩、讨价还价，就只能处于“被代表”“被决定”“被决策”乃至“被城镇化”的境地，其实体上的物质性权益便只能寄望于强势一方的恩赐或良心发现了。“被过程”极可能“被结果”，程序性权益若得不到保障，实体权益当然就很难得到实现。(3)发挥利益集团、社区和市场中介组织的作用，赋予其参与规划和决策过程的主体资格与权利。这方面可以借鉴国外经验。美国的实践告诉我们，真正的公众参与不仅是个人层次的参与，更应有以利益集团、社区组织为单位的组织、团体参与。在英国，其《规划和强制性收购法》明确规定，在主要的地方规划政策文件中，必须包括一份“社区参与申明”，以证明公众参与了从规划制定开始的一系列活动。(4)充分利用和借助传统媒体与现代网络数字技术来提供信息咨询、沟通、分享、交流的公共舆论平台及公共论坛，保障公众参与。(5)联结和沟通民意的城市规划师群体的培育。这方面西方有较为成功的经验。在西方城市化过程中，规划师所发挥的连接和沟通民意以及汇聚民意、协调不同利益团体的作用极其重大。在西方，规划已从“蓝图式”实质性规划逐步变为“过程中”规划，城市规划师也并非仅扮演有一技之长的专业人员角色，而是逐渐转变为在公共事务中扮演汇集群众意见和协调不同利益团体的角色。

3. **包容性过程**

这里的包容应是规则和程序意义的包容，第一，意味着对弱者的尊重和把异议与反对纳入制度性公共论辩框架，给弱者、异议者、另类者、反对者以话语和抗辩的空间与机会。第二，意味着把双方的博弈甚至激烈的社会冲突纳入规则和程序框架，使社会冲突解决规范化、程序化甚至技术化。因而，论辩规则、谈判机制、司法或非司法的纠纷解决机制、公民诉愿程序以及为表达权实现提供条件的一系列制度的建立和完善，是极其重要的。当程序内交涉不足时，制度外的博弈就会大量存在，频繁发生的群体性事件及自焚、自残抗拆事件便是交涉性程序严重缺失的结果。

4. **话语过程**

话语过程意味着：第一，城镇化的政府推进过程是建立在理性话语而非暴力之上的，因此，信息分享和话语沟通应贯穿整个过程。第二，话语过程不是强势一方自说自话、弱势一方只输出“听从”功能，而是一种对话，是平等的商谈、论证、交涉。因而，对话商谈规则、论证规则、理由说明规则、谈判机制、诉求表达机制、异议尊重和纳入机制、冲突的规范性解决机制的完善以及公共论坛的设置等，是城镇化推进过程中政府必须着力为之的。

5. **理性过程**

公开、参与、包容、话语过程本身就是理性的，理性还意味着城镇化的政府推进在过程上应尽可能符合理性、逻辑和常识，如决策、决定和规划的作出与执行必须公开，受决定影响的利害相关者应能参与决定的制作过程，决定者中立，决策、决定和规划不应有使特定某人因此受损或获益之刻意，决定应建立在信息和论证充分的基础上，程序设计应考虑人的功利计算，等等，这些之所以被视作正当过程，不止因为这是对尊严的尊重，也与最基本的理性计算、逻辑和常识相契。理性过程就意味着借助程序理性与技术理性来防止和校正政府有限理性的局限及可能的失误。

6. **反思性过程**

如前所述，过程本身就具有一定的反思性，城镇化政府推进过程的正当化就是要以公开、参与、包容、话语和理性等程序要素的充实使政府推进行动具有自觉的反思性和回应性。故应设置政府与行政相对人双方交涉性和反思性的审批流程，为行政相对人的参与提供对话商谈、论辩谈判、理由论证、信息反馈、决策或规划的修补废、权利救济、政府问责、国家赔偿、补偿救济等程序机制的设置，促使政府、开发商和利害相关主体在互动博弈交涉妥协中反思各自的主张，在不断试错和校调中做出各自理性的回应。

### （三）正当化过程的配套机制和条件

城镇化政府推进过程的正当化需要一系列配套机制和条件，这里只做如下强调：

**1. 区隔与分权**

这是指私域与公共空间的区隔、公共空间中社会自治与政府介入的区隔以及个人与社会的分权、社会与国家的分权、国家权力之间的划分和制衡。没有这种区隔和分权，城镇化的政府推进就极可能走上漠视市场化和城镇化发展规律的专横道路。而这种区隔和分权在当下意味着政治体制和社会结构的变革，显然，政治具有先决意义。当这种变革未能根本发生时，应特别强调国家权力对市场化与城镇化过程介入的相对次生性和辅助性。城镇化首先是与工业化、市场化相伴生的自然过程，只有在其带来“外部性”问题仅靠市场或社会自治无法解决时，国家动员政治、财政资源的介入才为必要。国家权力介入的最关键意义在于凭借其对资源的控制优势为社会自治、社会组织的充分发育、信息的充分流通、社会商谈和公共参与等提供财政、制度和组织化条件。

**2. 民间力量的制度化凝聚和社会组织的培育**

区隔和分权与社会组织的成熟是互为支撑的，没有社会组织的发育成熟，便没有真正意义的区隔和分权。面对强大的国家，个人的力量往往是微不足道的，因而只有通过组织化的社团体系，个人的诉求才能够成为集体的愿望，方可以获得正当表达的渠道。因而，社会团体的独立自治、结社自由的法律保障，以及为一定利益集团的发育和培育提供制度性条件，这些本应是法治社会的常识，但在当下还需付出艰辛的努力来营造。

**3. 政策的可诉性**

由于体制及政策的特质，这或许在较长时间内是难以实现的。但鉴于中国的城镇化政府推进更多地仰仗于政策推动的现实，政策不具可诉性这样一种在权力场无人负责、在个体域无可救济的状况确实不宜长期存在。

**4. 司法独立**

现代司法是正当过程的典型范本，具有示范意义，且在作为权利保障的最后一道防线的意义上，其也是城镇化过程正当化的“兜底性”机制，而使其得以正当化运作的根本保障则在司法独立。关于此，中西著述汗牛充栋，不需赘述，作为常识，这里只作提及即可了。

（孙莉：苏州大学中国特色城镇化研究中心研究员、苏州大学法学院教授）

# 政府动员型城镇化政策的困境与反思

余敏江

**【摘要】** 政府动员是公共治理中政策过程的一种重要机制。当下,方兴未艾的中国城镇化政策过程带有明显的政府动员色彩。然而,对政府动员型城镇化政策形成的隐秘机制——政府内输入和公众认同聚合,却缺乏理论层面的必要关注。面对城镇化政策过程中权力精英操控代替公众价值的困境、虚假公众认同聚合所催生的“简单化”的政策逻辑,政府应该在发挥动员机制的特殊功用的同时,着手系统的制度补给与创新。其中的重心主要体现为人本城镇化的政策基点、农民市民化的利益格局调整、政策公众参与制度跟进。

**【关键词】** 政府动员 城镇化政策 政府内输入 认同聚合

**【基金项目】** 教育部人文社会科学重点研究基地中国特色城镇化研究中心重点招标课题“城镇化战略的正当性论证”的阶段性成果。

从普遍意义来看,城镇化政策关涉公共资源的有限性、集体行动的一致性以及正义普适性。因此,对其处境改善之可能性的探讨,理应成为政治学研究的主题。问题的关键在于,城镇化过程究竟是现代化进程中自然而然的过程,还是政府需要主动为之、强势介入的过程?政府动员型城镇化政策究竟有没有政治学意义上的合法性?究竟什么样的城镇化政策在中国特色社会主义背景下具有“合理性”和“可接受性”?从学理上来说,政府动员涉及现代社会集体行动这一难题,呈现出的是“法治”与“政治”、政府对公民的管制边界、“法理性权威”与“克里斯玛权威”、公共治理的宪政维度等政治学知识之维度的两难问题。因此,有必要以政府动员中城镇化集体行动的政策形成机制为核心论域,以政治学知识维度对政府动员进行新视角的分析,以引起城镇化政策制定者和相关学者深入理性地思考,从而进一步完善城镇化政策体系,提高政策效能。

## 一、政府动员型城镇化政策:概念与研究模型

“动员”最初是一个军事术语,是指“在战时或国家发生其他紧急状况时,组织

武装部队积极从事军事活动。就其范围来说,动员是指组织一国的全部资源支援军事行动。"第一次世界大战后,这个概念被广泛使用,泛指集中人力、物力资源为集体服务的任何活动。对于政府而言,"政治不只是一种和平的政治竞争或行政管理,而是在危机形势下动员和激发人的资源的一种努力"。政府动员主要用于描述政府对公众行为的某种诱导或操纵,是指政府在一定名义下(一般表现为一定的意识形态旗帜),采用大众舆论、宣传教育、典型推介、利益诱导、组织控制等方式,以获取、集中、配置资源来实现特定目标、任务的行为过程。由此推之,政府动员型城镇化政策过程,是指政府为使相关社会群体配合城镇化行动,依赖自上而下的行政体系和动用财政资源,采取各种社会动员方式调动公众对政府及其决策的认同、支持和贯彻执行,以选择和制定政策,并赋予实施的过程。概括而言,"危机应对"与"政府直控"构成了政府动员型城镇化政策的主要特点。政府动员型城镇化政策模式的优点,是能在短期内统一各级官员的思想认识,迅速聚集人力、物力、财力和政策资源,调动各级政府及官员的政治热情,迅速地主导并推动城镇化。但缺点在于该模式存在受制于行政调控资源自身的正当性和合法性问题以及与之相关的身份危机问题。因此,如何诠释政府动员型城镇化政策的发生机理,就成了问题的关键所在。

这里可以尝试建立一个简要的解释政府动员集体行动形成机制的模型,该模型通过设立政府内输入和公众认同聚合两个变量,来对政府动员型城镇化政策的一般性进行解释。在该模型中,第一个变量政府内输入被认为是城镇化政策的形成源。政府自上而下地获取大体上符合社会利益需求的信息,这些信息经过政府主动吸纳、综合并最终转换成政策输出。而社会组织无法通过制度化的合法渠道对权力精英群体产生实质性的影响。这一政策模式是一种权威模式,在政府主导型城镇化政策的形成过程中构成了主导部分。模型中的第二个变量公众认同聚合是对动员议题的回应。城镇化政策能否获得所在区域公众广泛而强烈的认同,最终取决于政府动员所激起的城镇化政策认同情感能否有效地聚合起来。区域的城镇化政策认同由小到大、由分散到集中的聚积与融合过程,就是政府动员中的公众认同聚合。传播学理论认为,在社会舆论生成的过程中,人们总是试图判断自己的意见是否与大多数人站在一边,以及民意是否会朝赞同他们意见的方向改变,如果他们觉得舆论与自己的意见渐行渐远,他们就会倾向于保持沉默,结果是赞同优势意见的人数会日益增加。权威、说服和交易(认同聚合方式)三个次变量的不同权重和排序,在一般逻辑层面解释了认同聚合的动因。在城镇化政策的认同聚合过程中,权威和说服承担了正面引导的功能,交易则在一定程度上限制了异常意见的表达，三种手段的交互作用，有效地聚合了城镇化政策认同。

“政府内输入—公众认同聚合”的释义模型可以说是对城镇化过程中政府动员经验的抽象。这一模型有力地揭示了自上而下的政府动员型城镇化政策的发生机理，清晰地展示了威权政体中城镇化进程中的“发展焦虑”被“问题化”的过程。基于此，对政府动员型城镇化政策的讨论便转化为对威权政体中政府内输入和公众认同聚合的研究。

## 二、政府动员型城镇化政策的内输入困境

每一次政府动员总是紧密围绕某一特定公共政策而进行的。如果城镇化政策需要依赖政府动员才能运作展开，那么，始终位于政府动员运作起点的则是政府内输入议程的建构。所谓“内输入”，是指城镇化决策过程中的利益要求不是由政治体系外部输入政治体系（决策中枢），而是由权力精英自身来进行利益要求的输入。这种模式所依靠的不是多元决策下的社会互动，而是权力精英的政治折中，它既不同于多元决策模式，也与一般意义上的精英决策模式有所区别，其基本特征为：

### （一）权力精英承担了利益聚合与利益表达的双重功能

在城镇化政策的形成初期，进城农民的各种利益要求不是由政治体系外部的社会结构输入到决策中枢，而是由作为“利益代表”的权力精英主动寻求和确认政策问题，代替进城农民或相关社会组织进行政策输入，是一种典型的自上而下型决策模式。在这种模式中，城镇化政策不是以进城农民的利益表达和综合为动力，而是权力精英通过群众路线的方式来综合民意，农民当家做主的权利是由权力精英“为民做主”的间接机制实现的。

### （二）权力精英着眼于公共利益对不同利益群体的诉求予以体认和平衡

在权力精英内部，并非一个人或一群人拍板城镇化决策，更不表示城镇化政策只反映少数权力利益和意志。决策往往是权力精英之间商谈、冲突和妥协的复杂过程，正是这一过程代表了不同的社会利益要求，该过程主要以“幕后解决”的形式在权力精英内部进行。当权力精英对权力对象隐瞒他的意图，并且未将所需要的反映明确告诉权力对象时，就是企图操纵。

### （三）权力精英通过多种渠道体察民情民意作为城镇化政策的依据

这些渠道既包括各种会议、主流媒体报道、批示等正式渠道，也有调查研究、内参信息、智囊建议、政民互通热线、面对面对话以及人际关系（院外活动）等非正

式渠道。其中,个别发动、组织串联与会议发动相结合等是最常用的方法。但这不是公开的关于公众参与的正式制度,这种意见的获取和收集往往是由政府部门主动发起,其对象和内容是有选择的,与公众自愿地通过一定程序参与政府决策的行为有较大区别。

内输入机制之所以成为中国城镇化政策的主导形式,既是缺少民主参与传统的政治文化延续的必然结果,也是由特定的社会政治环境所决定的,更是与公共资源的有限性有密切的关联。由于公共资源不可能无节制地使用,所以具有公共服务职能的政府为了照顾辖域中所有民众能够均等地享受到公共资源,就必须千方百计地思考一些对策与措施来协调公共资源有限性与民众需求增长性之间的差距。这样做的一个显而易见的好处是体现了精英决策的效率优势,较好地突破了发展中国家在现代化过程中政治不稳定、经济发展缓慢、执行力弱等难题。然而,这种治理方式的坏处也接踵而来,集中反映在以下几个方面:

### (一)权力精英理性决策局限所导致的政策"非理性"问题

内输入决策一般被认为比较符合决策的效率原则。对于内输入机制效率优势的分析,主要基于这样的理性假设:即决策者是具有前瞻性的理性决策者,能把握并适应快速变化的环境,能掌握全部信息,能按照"效率最大化"和"选择最优化"的原则做出正确选择。但在现实中,由于受到主客观条件制约,权力精英难以进行理想意义上的理性决策。首先,决策者受自身知识、经验、能力、偏好以及决策过程中的行为偏差等因素制约,并非无所不能,再加上城镇化问题本身的复杂性、社会群体间的利益竞争与权力博弈、政策目标彼此冲突等方面的影响,使得全面掌握信息非常困难,权力精英的决策往往在信息不充分的条件下进行。其次,内输入决策是典型的自上而下型决策,拥有决策权的权力精英对于决策信息了解有限,而最了解情况的基层官员和普通公众却没有决策权,权力精英不得不依赖由上而下的信息收集与自下而上的信息传输。由于信息传递渠道的单一和匮乏,越往高层,信息传递渠道越狭窄,信息在传递中失真、扭曲、迟滞等现象不可避免。决策信息泛滥和短缺并存,一定程度上限制了精英的决策理性,导致盲目决策和决策失误的事件屡屡发生。最后,内输入决策往往以行政计划取代公众需求,以精英体认代替公众参与,忽视了公众需求和偏好,单凭权力精英自上而下的间接性体认,并不能保证城镇化政策符合公众需求,也难以解决公共服务供给动力不足的问题。

### (二)权力精英注意力转移和部门利益所导致的政策"碎片化"问题

在城镇化政策制定和实施中,注意力主体与客体的状态都处在各种不同程度的变化之中。权力精英注意力投送的范畴之广度及关注信息之敏锐性,取决于权力精英的心智与专业素养;关注的深度与力度取决于权力精英的价值判断、意志与魄力;关注的持久度取决于权力精英的总体目标战略、阶段目标的变化与责任性,以及相关资源的可持续性;注意力的排序性和转移性取决于权力精英的价值导向与目标抉择能力。由于城镇化政策体系是一个庞杂的复杂巨体系,权力精英注意力转移,必然引发动员方式的间歇性和局部性以及相应的城镇化政策制定的间歇性和局部性,导致城镇化政策的“碎片化”。同时,同级政府职能部门和地方政府在城镇化建设中存在利益分割的状况,地区和部门利益的追逐成为政府官员实现自身利益最大化的重要途径。一个地区的政府具有满足地方官员集团、社会精英、城市居民和国有企事业单位职工的生活福利的动力,它是一个地方获得强有力的支持和较高权威的重要途径,因此,地方政府具有实现其自身利益最大化的动力。在有些情况下,地方政府和职能部门行使行政权力的目的主要是利益的争夺或者是逃避责任,而不是公共利益。与此相关的就是权力行使造成了政策碎片化问题的产生——为谋求额外利益或避免既得利益损失,地区和职能部门会依照自身利益要求,滥设行政规章制度,随意增加政策“补丁”。

### (三)权力精英操纵和群众运动所导致的政策“不持续”问题

权力精英在城镇化政策内输入时,往往利用权力文化网络中的资源,将动员议题象征化、符号化,以隐喻方式对动员进行表达。这些精英犹如表现力十足的艺术家,善于凭借“符号编码”的技能“施魅”于公众的注意力、操控公众的想象力,令公众情绪高昂、热血沸腾。这些巧妙建构的“施魅术”,将城镇化政策的价值目标赋以科学性、合理性,从而使人难以拒绝,同时又以强大的政治压力让人不敢拒绝。通常而言,政府动员中议题的建构,大多通过政治精英运用法律手段来确认、修改,或者替换公众价值、道德规范和人际行为准则,从而确保公众的参加。当议题的合法性比较低时,政府动员“形式”的建构会得到加倍重视。这些形式主要包括:宣传鼓动、典型示范、象征、利益诱导、受训控制、思想政治工作等。这些形式综合运用的结果,就是使得愿做先进而不愿戴“政治帽子”以求自保的农民积极分子参与进来,配合政府的城镇化行动,并主动将其向前推进,以显示自己的觉悟,获取对自身更有利的政治优势,从而使整个动员议题发动不受阻碍地向前推进。由此可见,政府动员型城镇化政策的政府内输入,往往不考虑政治学意义上的合法性问题,而是由政府单方面强硬设置后要求公众参与,所以尽管总是有无以计数的公众参与到一次次的政治动员中,但其结果却是公众是被动员来执行政府的权力精英已经制订好了的政策,而不是来参与制订政策。这种政府权力的渗透与传输方式最大的局限性在于脱离了普通民众的生存理性。虽然由政府动员所激发出来的政治热情在短时期内有可能会持续高涨,但这种政治热情因缺乏可持续发展的动力基础终究会消磨殆尽。

## 三、政府动员型城镇化政策的公众认同聚合困境

对于政府动员型城镇化政策而言,如果政府内输入要能够顺当转化产出为行之有效的社会治理效能,还必须赢得公众的认同,从而取得整个社会治理活动的行动一致性。所谓认同是“一个行动导向(Action-oriented)的信念体系,一套某种方式指导或极力政治行为的相互联系的思想观念”,它“将个人与社会联结起来”。而公众认同则是指个人自我概念的组成部分,对社会群体的成员资格的认识以及相应的情绪与感受。公众的现实直觉性体验是公众认同聚合不可忽视的重要特征。政府想要在城镇化政策上与公众达成共识,它背后的公权力并不完全意味着暴力屈服,而更多的是作为软手段的意识形态在真正起作用。意识形态如同宗教一样,可以让政府通过符合公众心理预期的方式来实现自己的初衷和目标,“平衡、支配、控制是意识形态期望的结果”,意识形态渗透和公众认同聚合相辅相成,相互促进。意识形态的渗透程度亦反映了公众认同聚合的过程和强度。因此,公众认同聚合在本质上是一个政治社会化的过程。社会心理学的研究表明,群体中的个人在群体心理的作用下,其思想、感情和行为经暗示和传染后会表现得与单独一个人时的情况颇为不同,以至于个体会因为难以抗拒的冲动而采取某种行动。公众认同聚合,内含着扩大和强化城镇化政策认同的机理和力量,它把独立的个体农民整合进群体之后,塑造了认同政府城镇化政策的群体心理,这种群体心理给个体施加了势不可挡的影响力,为权力精英有效聚合农民的政策认同提供了强大动力。

按照理性制度主义的解释,动员体系中认同聚合行为受权威、说服和交易三种机制的影响。权威的实质是发布命令,与其相对的则是对他人判断未经检验的接受。权威者的身份,资源和品质是导致权威的主要根源。说服机制侧重说理,是人们对他人判断经过检验的接受,但并不等同于对“理性无知”的大众给予启蒙。说服体现出双方的互惠性,是在那些联合在一起的人们中间重建共有的理解,其效果一般取决于说服对象对说服者意见的自由接受,因而说服是风险性相对较小的一种权力形式。交易机制既是潜在的,又仅限于某些自由民主制度。当然,动员中公众拒绝认同聚合,或对权威的动员议题态度冷漠甚至抵抗,就表示交

易失败。交易机制并不一定作用于有形的物质利益，有时是指权威在设定公众额外义务时要给以明确的补偿；更多是指公众为了避免受到权威的惩罚，与其拒绝不如按照动员意图形成认同聚合。

认同聚合的复杂性决定了这三种实现机制常常需要合理排序，以使它们共同发生作用。研究表明，越是大规模的政府动员，认同聚合的不同机制之间的交织越紧密。值得强调的是，在公众的认同聚合过程中，官员完成指标的状况总是评价其政绩的依据，也是经常被用来作为考验其政治信仰的依据。动员中官员的行为表现往往将其政治前途残酷地推向充满张力的两极：对于某些官员来说，运动带来了向上迁升和参与政治活动的新意识；而对于另外一些人来说，运动则带来了个人的损失、不安和恐惧，因为运动中存在过火行为以及预谋和自发的恐怖成分。

然而，在公众认同聚合过程中政府通过强制、说服及交易等三种认同聚合的手段来获取公众的政治支持效果是有约束条件的：首先，作为一种硬方式，若政府采取的权威手段过多，而又不主动吸取公众的政治意见，就容易引发公众利益诉求的政治冷漠与情绪不满。其次，政府的说服力不足以打动公众的心灵，也将会造成公众聚合认同困难。城镇化政策过程中的一些利益冲突和矛盾，需要情感的支持，也需要逻辑解析，更需要政府与公众之间的互信互知。如果双方没有信任这个基础，那就很难达到预期效果。再次，政府通过交易的方式来求取公众认同，这会被公众当作贬义意义的“收买”，这种商业方式只能针对特殊人群。

更为重要的是，“快速城镇化”压力下急于解决问题的热情与良好愿望所催生的“简单化”的政策逻辑在具体实践中必然受到现实复杂性的挑战。政府动员型的实践模式不仅难以规避政府角色自身的局限，而且以政府作为单一能动主体的动员式城镇化推进方式压抑了社会力量积极自主参与城镇化实践的动力。由于这种动员缺乏真正体现公民权参与和代表的因素，因而也缺乏对整个制度的忠诚。并且，社会力量狭窄的参与空间和不畅的表达渠道使城镇化政策本身的盲点与缺陷难以得到纠正。事实上，大多数城镇化政策并非是在重大争论之后锤炼而成，而是日常决策静悄悄的产物。通过“先进”带动“落后”或“先进”动员“落后”的大规模群众运动所达致的认同聚合，最后获得的可能是集体行动的幻象。因为对大多数被动员群体而言，他们诸多的政治认同是为了摆脱身份剥夺带来的边缘化、异质化的恐惧，而不是从内心真正接受政府的城镇化发展战略和政策。这从另外一个侧面凸显了城镇化政策过程中公众认同聚合的困境。

## 四、政府动员型城镇化政策的反思

中国的城镇化大多是政府调控经济法治的一个副产品，是自上而下的政府决策的产物，所以城镇化的进程、方向、规模、布局大多是政府直接调控的结果。政府动员型城镇化政策逻辑的产生和延续反映了中国城镇化建设面临的深刻挑战和困难，反映了特定制度环境中政府治理的制度逻辑。客观而言，在中国目前的制度环境下，借助政府动员机制来推动城镇化确有其必要性和优势，但如前所述，政府动员型城镇化政策最大的问题在于：运作方式上具有明显的非制度化、非常规化和非专业化特征；运作后果是忽视人的主体性和人的存在。这一政策模式，固化了原有的城乡二元公共服务体制下的差异化福利分配结构，导致了农民的"权利贫困"，而"权利贫困"又很大程度上属于"制度贫困"。因此，政府应该在发挥动员机制的特殊功用的同时，着手系统的制度补给与创新。也就是说，城镇化的推动主要依靠制度而不是政府，如果缺乏合理的制度安排，或者提供不利于生产要素聚集的制度安排，城镇化就不能正常发展。

### （一）"人本城镇化"是城镇化政策的基点

在政府动员型城镇化政策过程中，政府往往会不自觉地运用权威地位和政治权力等强制力量向动员客体进行直接介入和宣传灌输等，动员客体具有较强的被动性和依附性，从而偏离了以人为本的方向，产生了诸多异化现象。为了消除城镇化的诸种异化现象，必须尽快回归尊重人、依靠人、为了人和塑造人的"人本"城镇化中来。"以人为本"的城镇化，是以改变进城农民的生活方式为目的，以人的城镇化为核心的新型城镇化。正如国务院总理李克强所说："推进城镇化，核心是人的城镇化，关键是提高城镇化质量，目的是造福百姓和富裕农民。"城镇化的本质意义，就是落实"以人为本"和"公平正义"理念的过程。其突出的特征，就是通过制度化的赋权，让进城农民享有平等的生存权、发展权和福利权。进而言之，被政府动员所剥夺的可行能力和权利需要逐步回归，被政府动员所规定的差异化发展路径需要重新并入公平轨道。当下，关注社会"弱势群体"，实现"最少获利者的利益最大化"，即"所有的社会基本善——自由和机会、收入和财富及自尊的基础——都应被平等的分配，除非对一些或所有社会基本善的一种不平等分配有利于最不利者"。成为"人本城镇化"最具意义的举措。

### （二）调整农民市民化的利益格局是城镇化政策的重点

政府动员型城镇化政策实施的最严重后果在于人口城镇化和土地城镇化的

脱节，土地城镇化速度快于人口城镇化。城镇化还处于质量不高的“半城镇化”或“虚城镇化”状态，这突出表现为农民既不能完全从农村和土地中退出，也不能完全融入城镇，享受与城镇居民平等的公共服务和社会权益。“离乡不离土”的人口转移模式越来越被视为一种不理想、不可持续的发展模式。其主要原因在于许多城市倘若要将广大农民立即转变为有城镇户口的市民，就必须承担吸纳这些农民而支付的巨额成本，福利待遇开支、教育经费开支、城市基础设施建设、环境治理、城市管理等高额费用，这些对于当地政府来说都是一个“非理性”的行为。因此，当地政府习惯于“城乡分治、一城二策”的管理思维，对进城农民与市民的待遇实行差异化管理，使得进城农民在城市社会里遭受着政治、经济、文化、社会保障、教育等多方面的排挤。调整农民市民化的利益格局，根本出路仍在于加快相关制度的改革，发挥改革的红利。

一是深化户籍制度改革。城镇化中的户籍政策广受诟病，将人口划分为农业人口与非农业人口，实行严格的迁移管制户籍管理制度，是城乡分割体制的主要标志。实现城镇化模式由城乡分割向城乡融合的转变，必须以迁徙自由化、城乡一体化、同城同待遇为目标和方向，在中央政府的统一规划下加快剥离户口所附着的福利功能，同时改革嵌入户籍制度中的其他二元制度，多领域统筹推进。通过单兵突进和政策微调则会故态复萌，难以取得实效。户籍制度改革的终极目标应当是实行与自由迁徙相适应的、开放性的、城乡统一的、以身份证为准的“一卡通”式管理模式，最大限度地削弱户籍制度的限制性功能，消除依附在户籍上的特定的经济和社会利益，彻底改变户籍背后显失公平的差别化国民待遇，使户籍恢复其只承担单纯人口基本信息统计的功能，最终形成中国公民在境内享有同等待遇的统一的户口信息登记制度。

二是深化土地制度改革。土地是农民最基本的生产资料和维持生计的最基本保障，也是农民市民化的最大资本。必须以土地物权化为重点，以保护农民的土地财产权利为核心，深化农村土地管理制度改革。要对农村土地承包经营权、宅基地使用权、房屋所有权确权到户，颁发证件。应规范公用地征用程序，对因非公共目的占用的土地，应采用政府“征购制度”，补偿费要基本接近于被占土地的市价，或至少不应低于同等质量和同等数量耕地的造地成本，而且要有科学的土地评价测量标准，坚持农民自愿和平等协商的原则；应通过市场化手段，将农民在农村占有和支配的各种资源转变为资产，并将这种资产变现为可交易、能抵押的资本，让农民带着资产进城；应保障农民在土地使用权流转中的谈判权，规范土地转让价格的形成机制，真正按照土地的市场价值对被征地的农民进行补偿，让农民带着资本进城,而这些资本就成为他们进城定居的部分资金来源。

(三) 建立政策公众参与制度是城镇化政策的着力点

在政府动员型政策体系中,囿于权力精英也是“理性人”的客观现实,权力精英在城镇化建设这样一个利益关联度强、复杂程度高的实践中独善其身是比较困难的,继而在与其利益直接相关的农民主体的参与缺失之下,农民的财产权、参与权和收益分配权“被虚化”和“被代表”,就绝非偶然和少数。为了让农民的利益诉求及时传递到城镇化决策者面前,决策者必须通过各种渠道广泛吸收公众参与。正如学者所言:“在大多数情况下,公民参与的动力通常来自于获取公民接受政策的需求,公民的接受是决策成功实施的先决条件。”建立政策公众参与制度,应当注重以下三项机制的建立:

一是实现公众利益的组织化表达。城镇化进程的加快使失地农民成为继农民工之后最大的边缘化群体,他们的利益诉求如果得不到充分而有效的表达,极易造成群体性事件的爆发。在当下中国的乡村治理结构中,村委会、村民小组等组织已不能真正代表失地农民的利益,因而有必要寻求新的利益代表者。其中比较现实的选择是成立能够担负起农民维权和利益诉求表达功能的农会组织。农会组织不能成为国家政权或是准政权组织,也不应成为国家政权的构成单元和代言人,而是基于宪法赋予公民的结社自由,而由公民自愿加入的一种合法组织。如果坚守这样的秉性,农会组织将大大促进农民利益的组织化表达,填补动员型政府体制存在的明显真空,进而增进城镇化决策的民主性和可接受性。

二是建立公众意见采纳与否的理由说明制度。在现代法治社会,行政裁量权的行使要想赢得行政相对人的接受与认可,不仅需要通过合法性和证成性解决“以力服人”的问题,而且更要通过正当性解决“以理服人”的问题。正如有学者所言:“有充分的理由认为给予决定理由是行政正义的一个基本要素,因为给予决定的理由是正常人的正义感所要求的,这也是所有对他人行使权力的人一条健康的戒律。”因此,应当通过相关法律规范的修改,明确规定无论城镇化决策者是否采纳公众意见都负有说明理由的义务。只有赋予城镇化决策者强制性的程序义务,才能促进公众的有效参与。

三是建立可持续的民主监督机制。如果说多元的利益诉求表达和有效的利益整合是参与机制的入口,那么可持续的民主监督则是这个机制的出口。城镇化涉及面广,触及利益深,如果没有强有力的监督,任何一个利益主体涉入其中都难以独善其身。因此,必须建立有效的民主监督机制。这种监督机制要考虑三个因素。首先,监督的主体必须有农民的切身参与,针对农民群体分层的趋势已经非常明显的现实情况,应该允许不同阶层的农民都能参与监督体系之中。其次,监督的过程必须全面。城镇化是一项系统的复杂工程,既包含前期的土地流转和征地拆迁,也包含中期的城镇规划、补偿、社会保障等一系列问题,还包含后期的社区建设和治理等多个环节,任何一个步骤都是程序复杂、利益关联度深的过程,因此,监督应该是贯穿于全过程的,而不应该是孤立片面的。再次,监督应该是公开的。监督的程序贯穿于全过程,只能说明监督的基点是合格的,但是要确保监督的绩效是有效的,还必须保证监督的结果是公开的。唯有在公开的环境中,监督的价值才会得以彰显,监督主体的作用才会得以体现。

(余敏江:苏州大学人文社科院副院长、苏州大学政治与公共管理学院副教授)

# 新型城镇化背景下的城市治理转型:缘起、动力与路径

张 晨 韩舒立

【摘要】 城市治理的必要性在于维持城市的生存和发展。在潜伏着各种危险的现代社会,特别是对于处在转型时期的发展中国家城市管理来说,除了要维护经济系统、资源系统和人口系统的日常有序运转之外,在城市更新和扩张过程中产生的科学管理问题、可持续发展问题,以及公平正义问题都是亟待研究和解决的重要命题。在推进新型城镇化的战略进程中,城市治理的转型必须坚持服务、合作和治理的基本原则。从过程上以标准化推动全程化管理,在功能上以数字化实现系统化,在结构方面以制度化促进多元化,是加快实施新型城镇化战略的基本路径。

【关键词】 新型城镇化 城市治理 转型 原则 路径

【基金项目】 教育部人文社会科学重点研究基地苏州大学中国特色城镇化研究中心资助课题。

工业革命以来,资本、技术和人口的集中,在全球范围内迅速堆积起一座座崭新的城市。现在,城市已经毋庸置疑成为文明的标志、现代的象征,它们所展现出的生命力将直接关系国家的整体实力和发展趋势。正因为此,城市治理成为人类选择落脚城市的必修课,被称为决定城市死与生的关键因素。而以城乡统筹、城乡一体、产城互动、节约集约、生态宜居、和谐发展为基本特征的新型城镇化,更为注重城市的文化、公共服务等内涵的提升,注重城镇化进程中人与社会、人与环境的和谐互动,从而使我们的城镇真正成为具有较高品质的适宜人居之所。新型城镇化背景下的城市治理,将在其目标体系、组织体系、过程体系、制度体系和绩效体系等各方面,都有别于现行的城市管理模式。这就对现代城市治理提出了新的挑战,也促使城市治理的全面转型成为必然。如何通过社会管理创新实践的探索,有效回应新型城镇化的社会发展需求,成为当前城市治理的主要议题。

## 一、城市治理环境复杂性的增加：转型缘起

传统城市管理体制的问题，从内因来看，源自于传统城市政府行政理念保守，行政目标单一，行政架构僵化，行政方式随意，社会参与遭遇架空；从外因来看，城市化进程加速，经济社会面临全球化和市场化的转型，显然，滞后的基础设施，不合理的产业结构，日益多样的居民需求，以及来自国际的竞争和市场的不确定，再加上环境污染、交通堵塞、住房拥挤等各种因素，不断加剧着传统管理方式原本存在的成本过高、效率低下、反应迟钝等弊端。具体而言，当前的时代主要特征，即现代性、风险性和转型性，对当代城市管理提出了科学性、持续性以及公正性导向的新要求，而这正是传统城市管理所遭遇的时代瓶颈。

第一，现代社会中城市科学管理问题。专业分工越来越细致，人员构成越来越复杂，是人类社会走向现代化的基本趋势。新型城镇化背景下，随着城市规模不断扩张，新职业、新身份和新阶层的出现，对城市管理同样提出了新要求。随着社会主义市场经济的深入发展，传统单位制逐渐消退，越来越多的劳动力摆脱单位束缚，成为自由个体融入市场洪流。然而，都市人面临的精神困境也随之而来，除了追逐资本之外，人们落脚城市的同时，将精神归宿安放何处，成为城市治理中隐形潜在的，同时又是不可忽视的问题。在传统单位制中，单位组织基本满足了个体的共同体需求，那么在新型城市空间和结构中，城市管理者如何坚持群众路线，如何了解民意、倾听民声，成为了现代城市管理中的又一重点。换言之，现代城市的科学管理意味着精细化，既包括对常规意义上城市管理分工的明确化、可视化和可操作化，同时更需要对城市中的新现象、新情况，采取有针对性、多样化、差异化的管理方式，即细化到每个个体，不遗漏任何环节。

第二，风险社会中的城市持续发展问题。随着人口的集聚和资本的运作，风险与文明一同在城市中肆虐猖狂起来。这种伴随现代文明成长而来的风险，“可以被界定为系统地处理现代化自身引致的危险和不安全感的方式”。各类与生态资源和环境卫生密切相关的突发事件在后发国家中更为明显，从某种意义上讲，“风险已经成为政治动员的主要力量”。其中对经济发展过于执着和片面的追求，缺乏相关系统的配套管理制度、成熟的法律法规，同时城市政府执行能力的内卷化，是制约大多数发展中国家城市可持续发展的主要因素。首先，城市治理的核心行动者对资本的青睐，形成了以牺牲环境资源为代价的发展路径。而对资本的贪婪占有，更加剧了企业职业道德和操守的瓦解，因此，食品卫生、医疗安全以及各类环境邻避事件经媒体曝光后，成为令人防不胜防的、让普通老百姓战战兢兢

的生存威胁。在媒体介入过程中,政府的妥协往往成为民众表达不满的重要对象。其次,关于城市基础设施建设的滞后、各种公共服务资源的匮乏和不合理规划,已经成为城市居民追求更高生活质量的瓶颈,其中最为突出的表现莫过于拥挤的交通及由此带来的环境恶化的伤害。

第三,转型社会中的城市资源分配公正性问题。所谓社会转型,其实质是利益结构的调整,主要通过增量的积累和存量的完善两种途径实现。在城市生长过程中,无论是旧城改造还是新城扩张,对于城市来说都意味着所有资源的重新分配。首先,在新城扩张的过程中,城市治理创新必须嵌入新型城镇化的战略进程中实现。如何协调城乡矛盾,推动城乡一体化,促进农民身份转变,帮助新市民加快形成城市认同感,同时实现社会公平协调发展,是城市治理创新中不可回避的应有之义。其次,对于前者,在旧城改造过程中,由于面临资源的重新分配,老市民将会遭遇物质上的牺牲和精神上的落差,他们或者被迫接受财大气粗的外来者,或者被迫迁徙出世代居住的城区,他们曾经的骄傲和身份的象征在这个过程中被逐步解构。如何合理补偿他们并尽快帮助他们重新树立对城市的归属感,同样是城市治理中的重要课题。除此之外,市场化不断加剧的贫富差距,通过城市的基础设施和空间布局等外在表征的调整展现出来,贫穷落后的"城中村"、前景不确定的"过渡型社区"与富丽堂皇的高档住宅形成鲜明对比,破旧的老城区、整洁的开发区和未开化的郊区使城乡二元结构转变为三层极差,曾盛极一时的纺工厂、乡村企业与代表着新兴产业的科技园、电子城面面相觑。换言之,伴随着经济与社会转型的深入,产业结构的调整和阶层结构的整合给城市治理的行动者提出了全新的挑战。

## 二、城市治理空间的拓展:转型动力

长期以来,我国的城镇化经历了漫长而迟缓的过程,直到改革开放,才以前所未有的速度和规模迅速推进。总体来说,我国城镇化经历了计划经济时期下完全受政府干预的强制型城市化,随着改革开放的发展,中央政府适时下放了一定权限,因此,我国城镇化进入了以政府主导为主、市场参与为辅的第二种强制型城镇化阶段。在这个过程中,中央与地方之间的博弈,为地方政府提供了城市公共治理创新的空间。

具体来说,我国城镇化的路径选择和发展历程有其深刻的历史和时代背景,其中,经济体制是奠定政府在我国城市化中主导地位的基础。改革开放以前,在高度集权计划经济制度下,城市规划完全受中央指令调控的影响,城市建设主体只有政府,而且地方政府基本是以接受中央政府的计划指令进行社会管理的。改革开放以来,我国确立了以经济建设为中心的大方向,为改革计划经济的僵化体制,20世纪80年代,中央采取放权政策,地方政府获得了更多的自主性,发展经济的积极性被调动起来。客观上,经济政绩成为官员晋升的重要指标,受政绩考核制度的激励,地方政府创新经济发展的能动性得以释放,充满发展动力和扩张冲动。在这一时期,政府最终成为推进城镇化的核心行动者,在城镇化进程中同时担任战略制定者、制度供给者、进程执行者和绩效评定者的多重角色。显然,城市治理空间的拓展,最大程度上帮助印证经济学对地方政府作为理性经纪人,具有自利倾向的假设。换言之,在改革初期,左右地方政府城市治理的基本逻辑来源有两点:一是回应中央以绩效性增加合法性的发展战略要求,通过项目式运作和运动式管理,为自己的政绩和履历添砖加瓦;二是最大限度地维护地方经济发展的利益,动用一切可利用的资源,在地方政府之间围绕技术支持、政策优惠和资金援助,展开各种竞争。显然,这种发展模式在有效撬动体制内潜能的同时,也强化了地方政府行为的本位性,分割了全国市场的整体性,降低了社会资源的流动性。更重要的是,片面的经济发展对一方百姓而言,却使其很难享受到与实际发展水平相适应的改革成果。

毋庸置疑,改革开放三十多年来,我国的城市公共治理迎来了巨变。市场机制的席卷、社会力量的壮大和利益主体的多样化,引发了城市市民公共意识、权利意识的觉醒,再加上现代传媒技术的日新月异,各种论坛、社群、博客、微博,线下问题在网络线上得到热议,而线上的集体行动一定程度上倒逼了线下事件的发展趋势。城市新旧管理体制的并行促发了许多前所未有的矛盾,并使以前较为隐蔽的矛盾显性化、复杂化、多样化。传统的城市政府管理模式最先遭遇到市场的反弹,城市治理模式经历着潜移默化的变化。在这一过程中,我们看到另一股逐渐强大、日渐清晰的逻辑对城市治理正发挥出越来越重要的作用,那就是以尊重市民基本生活和发展需求为主要特征的社会逻辑。

## 三、迈向多中心的城市治理:转型原则

### (一)从管理到服务:客户导向,公众需求

城市治理转型最为首要的原则在于秉持服务客户的理念,从满足公众的需求出发努力实现从管理到服务的转变。对政府服务理念的强调,是我国构建服务型政府实践的基本向度。在中国社会的语境中,构建满足公众需求、以顾客为导向

的服务型政府，其根本诉求在于践行“以人为本、执政为民”的基本准则。简言之，城市治理的转型与创新必须做到“以人为本”。以人为本是我们党的立党宗旨，是国家发展大局的指导思想，也是城市治理转型与创新的出发点和立足点。马克思指出，“人是全部人类活动和全部人类关系的本质、基础”。以人为本，不仅主张人是发展的根本目的，回答了为什么发展、为谁发展的问题，而且主张人是发展的根本动力，回答了怎样发展、靠谁发展的问题。因此，注重民意、关注民生是我们党的优良传统，是我们党长期执政的经验总结，也是当前社会管理创新中的出发点。基于此，城市治理转型与创新要实现“以人为本”，就是要尊重城镇居民作为城市治理主体的地位。引导社会和公众参与城市治理转型和创新，着力点不是在动员，而是基于对社会的深入了解和对城市市民的充分信任。了解是起点，信任是基点。政府为人民服务如果不了解社会实际，服务就会异化为浪费与折腾；政府为人民服务如果不尊重公众，服务就会异化为怀疑与对抗。而社会管理创新的伟大力量深深扎根于人民群众之中，要激发市民在城市治理转型与创新中的首创精神，就必须关注社会变化、关心公众需求。公众只有感受到了政府的温暖与诚意，感觉到了与政府之间的平等，城市治理转型与创新才会充满生机与活力。

（二）从管理到合作：市场机制，提升“4E”

传统的城市管理模式，将政府作为单一管理主体，其不良后果之一，在于行政权力不断膨胀，导致城市管理行为僵化刻板，高成本低效益的状况。要实现行政的现代化，推动城市管理走向多中心治理的平等合作，前提之一就必须改变高度行政化的管理过程，引入市场机制，在推动经济发展的同时，不忘促进社会公平，实现效率和效益的双丰收，全面提升城市治理的“4E”（即 Energy、Energize、Edge、Execute，分别指活力、能力、决断力、执行力）。首先要树立“有限政府”理念以取代“全能政府”的传统认知。政府和市场一样，都有治理失效的可能，都存在调节机制失败的风险，因此，必须合理协调这两种机制在城市公共事务治理中的相互关系，实现和谐与平衡。其次，要明确城市生态系统中各个不同治理对象的特点，从而探索不同的治理模式。引入市场机制，不代表政府的退场，更不意味着市场可以取代政府在城市管理中的重要作用。许多涉及社会稳定发展、地方安定团结，特别是需要实现社会公平正义的领域，政府仍然必须占据完全的主动地位。但是对于另外一些城市管理方面，如城市绿化、城市垃圾等问题就可以通过市场运作的方式，实现高效治理。最后，多中心治理的提出、市场机制的引入，大大扩展了非行政权力的运行空间。实践这一基本原则的关键，是要明确界定城市治理中政府的职责和范围。只有在确定双方行为界限的前提下,政府才有可能通过合同承包、特许经营、政府补助等方式委托给私营部门,同时将公共物品生产中一些具体职能让渡给企业或半行政性质的机构去做,真正实现城市治理中"政府之手"与"市场之手"的对握。

(三)从管理到治理:社会协同,公民参与

城市治理不只是政府和市场的职责所在,生活在城市中的每个市民及各类社会组织同样有不可推卸的义务,因此,在城市管理向治理转变的过程中特别需要注重提升公民的素质,培育社会自组织的能力。"公民",其概念最早出现在古希腊,意指具备参与城邦公共事务管理的人。马克思关于社会成员具有公民与私人双重身份以及公权利与私权利双重权利的理论告诉我们,从市民的私利主体走向公民的公共主体进程,需要从封闭到开放、从暗箱到公开、从狭隘到宽容、从自利到自治、从自发到自觉的进化过程,这也是完成人的现代化的过程。因此,政府也应该注重在社会管理创新中,进一步从主导转为引导与指导。从总体而言,公民素质的提升需要政府的角色转变,从而为公民素质的提升营造环境与氛围,为公民自身发育提供良性平台;公民素质的提升也需要公民自身的转型,在城市治理创新中转变观念、校正形态、摆正心态、改造行为。各地城市治理的创新实践都一再证明,"社会协同、公众参与",除了需要供给公民参与的渠道与制度,更需要的是培育公民意识,激励公民热情,提升公民能力,否则,就难以激发和维系公民参与的积极性。

## 四、"结构—功能—过程":城市治理转型的路径

(一)结构:以制度化保障多元化

达成政府、企业和社会的合作伙伴关系,是实现城市多中心治理的基本要义,其中明确各主体之间的职责关系是关键。首先,政府是城市治理的核心主体,特别是各层级中,掌握丰富资源和权力的一把手,他们的行动选择、行动偏好,将对城市治理绩效产生莫大的影响。其次,非政府组织和私营企业分别是城市中的重要治理主体和特殊的治理主体。随着市场经济的不断发展,市民社会的逐渐成长,两者将通过行政许可、行政指导、合同承包、特许经营等多种途径,承接日益增多的公共产品和服务项目,承担越来越重要的社会责任。最后,社会公众是城市治理的必然主体。特别是由于城市教育水平的提升,公众权利意识的觉醒,城镇居民对生活质量和水平提出了更高的要求。如果能够通过政策网络把公众需求

有效纳入行政规划中，那么将有效减少城镇居民的集体行动。可以说，任何一个城市的任何领域和任何事务，一旦失去了老百姓的支持、关注和参与，都会陷入瘫痪而不可能获得成功。需要注意的是，这种“政府—市场—社会”的多中心城市治理结构的生成，前提是政府前瞻性的理念创新和民主开放的价值取向，而非社会资本和公共精神的充裕程度。而尽管从“政府本位”向“社会本位”转变是城市治理转型的时代趋势，但政府要想在规范自身行为、推动自身改革和培育社会组织、强化公民参与等方面实现更大突破，必须形成长效机制。也就是说，城市治理结构的多元化离不开城市治理制度化的保驾护航。因此，在构建城市治理制度化的过程中必须避免三种倾向：①避免急功近利。城市治理创新不是一种政绩，而应落实在改善民生、改善“国家—社会”和“政府—公民”关系。早出成效、快出成效固然是好，但是，如果违背了社会发展规律，忽视整体协调与具体细节，会导致城市治理创新后续乏力，也会导致公众参与热情的递减。②克服单兵独进。城市治理创新不能居高临下，凌驾于社会之上，不能脱离城市市民的需求，“悬浮”于公民之外。政府和社会没有真正相互衔接，这就无法激励社会群体、社会组织、公民个人的主动性和能动性，这就需要改革政府体制。改变传统的自上而下的官僚体系传递，扭转公民只能被动接受改革成果的格局，构建双向沟通的渠道，凝聚改革的合力。③防范再度单一经济取向。社会管理创新不再是将经济发展视为第一要务，而是为了营造一个人与自然之间、人与人之间的和谐社会环境，实现公民个人、社会组织、政府体制、国家制度的完善和改进，实现经济发展、文化发展、社会发展与政治发展的全面合理走向。

（二）功能：以数字化实现系统化

城市是一个由相互联系着、以行使不同功能的组织所构成的空间系统，包括生态系统、经济系统、文化系统和社会系统。城市的治理意味着各个系统之间的协调促进、平衡发展。过去，城市要实现这一目标，常常在技术层面遭遇困境，因此导致城市管理过程中注重事后补救，对事前防控则束手无策，各个系统之间的交集也缺乏有效的沟通。随着现代网络技术的迅猛发展，不经意间改变了城市治理中信息传播的方式，从而对整个城市治理模式产生了巨大影响。许多地方的城市政府通过“数字城管”与“数字交管”等电子政务平台的建设，加速推进政府信息化工程，这不仅有利于各部门之间的内部协作，而且一定程度上提高了政府信息的即时性，沟通的交互性和回应的实效性，起到了精简政务、改善流程、方便市民的重要作用。除此之外，由于互联网的匿名性、交互性和快捷性，使得网络问政、网络监督、网络反腐形成一股合力，很大程度上方便了市民参与城市公共事务的治理过程。面对众多网络舆情推波助澜下发生的群体性事件，越来越多的城市各级政府正在思考如何在赛博空间中搭建政府与社会互动的有效平台，增进双方沟通，及时准确地传达信息。包括城市政府在内的城市治理各利益相关方如何适应这一新的信息沟通方式，成为一个涉及城市治理理念、参与方式和治理绩效的核心问题。在可以预见的未来，“数字城市”乃至“智慧城市”将成为城市信息化主要的发展方向。因此，各级城市政府必须与时俱进，鼓励政府公务人员了解网络、学习网络，特别是在工作中运用网络，充分利用网络中各种资源，在互联网空间中传递正能量，从而树立良好的政府形象，构建新型现代化数字城市。

（三）过程：以标准化覆盖全程化

标准化是现代工业生产的产物，也是现代科学管理的基本标志。对于城市治理和城市公共服务而言，意味着将标准化原则和方法运用到城市治理及其公共服务领域，通过对服务标准的制定和实施，以达到城市治理及其公共服务质量的目标化、方法规范化、过程程序化，从而实现城市善治的过程。多中心城市治理需要在建立健全一系列法律法规的基础上，通过对城市管理者的严格挑选和专业训练，实施规范化的目标管理和过程管理，并且以绩效评估和民众满意度测评等结果管理作为治理反馈，最终实现覆盖城市管理的全过程。从广义大城市治理的角度出发，城市规划、城市建设到城市管理，三者是不能割裂、相互衔接的整体。因此，在多中心治理的城市治理体制中，首先要超越传统的“建设—管理”的二分思维，建立“规划—建设—运行”三位一体的全程管理观。其次，只有具有前瞻性、能够满足市民生活需求的合理规划，才能充分体现一个城市发展的灵魂所在。然而，在现代城市管理中，要实现理想与现实的接轨，光注重规划是远远不够的。关键还在于城市建设的科学化，可以说，只有为城市营造良好的人居和营商环境，才有可能为新型城镇化发展提供物质基础。最后，如果说，城市规划是灵魂、城市建设是躯干的话，那么城市的日常管理运营则是城市焕发青春的源源不断的活力所在。总而言之，在城市治理过程中，无论是规划的前瞻性、还是建设的科学性、管理的持续性，都必须以一套可视化、可操作化的法规制度和指标体系为基础。

## 结　语

创新的目的是为了走向和谐，城市治理的转型和创新实质上就是社会体制的转轨和改革，它是一种更为全方位的改革，社会体制改革必将倒逼政府体制改革，冲破现有政府思维模式中仍然残余的单向性、单一性、封闭性、简单性、急迫性困境，这是我们党和政府的宗旨使然，也是我们国家的性质使然，没有回头路。我们相信，只有积极推动政府体制改革，释放社会组织能量，加快公民社会建设步伐，才能使“党委领导、政府负责、社会协同、公众参与、法制保障”的社会管理格局越走越宽广，尽快实现城市善治的目标。

（张晨：苏州大学政治与公共管理学院副教授；韩舒立：苏州大学政治与公共管理学院硕士研究生）

# 论城镇化进程中经济性特区的社区治理：二元社区形态与差异治理模式

沈承诚

**【摘要】** 经济性特区是我国城镇化与工业化的空间载体，在城镇化进程中发挥了不可或缺的政策引导作用。近年来，经济性特区治理困境逐步显现，其集中表现之一就是社区治理的失灵。深圳特区富士康"十三连跳"就是力证。以经济性特区的社区治理情境梳理为切点，明晰经济性特区的二元社区形态：过渡型社区与新市民社区。显然，要实现经济性特区社区治理的效能，就必须秉承不同治理理念，设计不同治理模式：过渡型社区秉承管理与服务的双重理念，实现管理与服务的协调统一，称之为管理式服务；新市民社区秉承自治与服务的双重理念，实现自治与服务的协调统一，称之为自治式服务。

**【关键词】** 经济性特区　社区治理　过渡型社区　新市民社区

**【基金项目】** 国家社会科学基金青年项目"经济性特区治理体制变革与地方政府核心行动者研究"(11CZZ038)的阶段成果。

经济性特区是我国城镇化与工业化的空间载体，在城镇化进程中发挥了不可或缺的政策引导作用。所谓经济性特区，是统指国内各级各类经济特区、经济技术开发区、高新技术开发区、出口加工区、保税区、保税港区、旅游度假区和边境贸易区等主要肩负经济建设与体制改革使命的区域。经济性特区在完成经济发展的先导任务后，由于人口聚集逐步在空间上演化为新兴城市的形态。经济性特区的这种空间形态演化带来了城市管理，特别是城市社区治理的现实要求。要有效回应这一现实要求，就必须完善经济性特区社区治理体制，提高社区治理的效能。然而，囿于经济发展为主导功能的经济性特区显然未能从理念和体制上做好社区治理的准备：其一，片面依赖以企业为管理单元的单位制管理，往往既面临企业赢利逻辑与社区治理公利逻辑的天然冲突，又面临现代企业员工的高速流动带来的现实治理困境；其二，模糊传统城市社区与经济性特区社区的差异，不加"修饰"地将传统城市社区的治理模式移植到经济性特区社区治理上，治理高成本与低效能如孪生兄弟般同时出现。要实现经济性特区的高效社区治理就必须首先厘清经济性特区作为社区的复杂治理生态，明晰不同社区形态，设计不同治理模式，实现针对性治理。

## 一、经济性特区的社区治理情境——二元社区形态的提出

根据经济结构与社会结构相互作用理论，经济生活与社区的其他社会生活是连接在一起的，经济生活的维持与变迁会受到种种社会结构性因素的影响和限定，同时，经济生活及其变迁也在很大程度上对社会生活和社会结构产生影响。近年来，我国经济性特区逐步从单一经济发展功能区演化为综合配套改革试验区，主要以浦东新区和滨海新区为典型代表。这种发展趋势既是经济性特区自身发展周期规律使然，又是经济性特区城市化社会生活形态的塑造过程。这一塑造对经济性特区功能系统完善提出了新的要求，即培育与经济发展功能相匹配的社会治理功能，实现社会控制与社区自治的协调统一。那么，从全国经济性特区普遍意义上看，其具体治理情境如何呢？通过对我国经济性特区的抽样调查可以发现，二元社区形态是经济性特区治理情境的重要特征。二元社区主要是经济性特区中的过渡型社区与新市民社区。过渡型社区是指在经济性特区创建与发展进程，伴随城郊土地征用或城中村改造进程中，逐步从农村自然村和行政村过渡到城市居民小区的社区形态。而新市民社区主要是伴随经济性特区产业扩张与产业升级而吸纳的拥有资本和技术背景的外来人口，一般均已购买商品住宅，拥有当地户口，因而被称为新市民，其社区又被称为新市民社区。

从国内经济性特区社会管理现状看，不仅存在经济性特区社会管理与普通城区社会管理同质化的现象，而且存在将经济性特区两种不同社区治理理念与模式同质化的现象。当然，化解上述两种同质化现象的路径基本一致，即针对过渡型社区和新市民社区不同治理情境，秉承不同治理理念，设计不同治理模式。

## 二、过渡型社区治理情境与“管理式服务”治理模式

过渡型社区虽具一般城市社区的外在形态，但由于社区人口形态及传统村委会模式延续等原因，在管理体制设计上应区别于一般城市社区管理体制。这里以过渡型社区治理情境为切入点，探讨过渡型社区治理的基本模式。

### （一）过渡型社区治理情境

过渡型社区的过渡性表明过渡型社区的形成不是原生性的社区孕发，更多的

是外力作用下的短期塑成。从过渡型社区人口结构看，一方面，由于经济性特区的土地需求旺盛以及园区劳动密集型企业对低质劳动力的需求，经济性特区的失地农民与外来流动人口越来越多；另一方面，从区位优势与居住成本考量，外来流动人口日益集中到失地农民安置小区。因此，过渡型社区的人口结构主体为失地农民与外来暂住打工人员。外来流动人口既为经济性特区发展做出了重要贡献，又给经济性特区的公共服务与社会管理带来了巨大的压力，这种压力在空间层面又主要集中于过渡型社区中。当然，失地农民从农民到市民的身份符号认知与认同的问题也较为突出，安置过程中的利益补偿与分配公正问题始终是引发经济性特区群体性事件的重要因素。从居民对社区治理的参与意愿来看，受传统农村行政村治理文化和模式的延续影响，过渡型社区的"自治"和参与理念缺乏传承，也难以积淀，如无直接利益关联（集体财产存续与分配），失地农民社区参与度并不高，更不用说归属感缺失的外来流动人口。

### （二）"管理式"服务治理模式

社区自治与社会控制的互动协调依赖于合理界分居民自治权与基层政府行政管理权，实现上述两种权力之间以及政府精英与社区治理精英之间的良性互动和协调统一。一方面，如果基层政府行政管理权过度渗透于社区自治场域，必然会引致社区治理精英的集体性退出，从而导致基层治理的高成本与低收益并存；另一方面，由于过渡型社区的"过渡性"特征，过于强调社区自治本态，排斥基层行政权的介入与引导，又可能引发"散沙状"社会形态下的集体行动困境，且无法有效监督和抑制社区治理精英向"赢利型"经纪的角色转变与行为异化。因此，过渡型社区要赋予基层政府行政权在社区自治场域的存在空间，并通过相关机制建构，实现基层政府行政管理权和社区居民自治权两种权力间的良性统一。另外，还要保留并发挥传统农村行政村社会资本（如熟人社会）与乡村治理精英在社区治理中的作用，并创造合法过渡程序实现乡村治理精英向社区治理精英的角色转换。因此，过渡型社区的"管理式服务"模式应主要包括如下治理主体即治理要素：街道政府、原村委会、现社区居委会和外来流动人口"一站式"服务中心。

#### 1. 街道政府的角色与功能

街道政府在过渡型社区的角色与功能自然应根据过渡型社区的现实状况进行动态变化，但基本的角色与功能可以确定。从角色来看，街道政府要从过渡型社区的"管理者"逐步变化为"指导者"和"服务者"。当然，这种角色转换的大致趋势无法回避特殊时期或现实问题面前的回归式调整。譬如，群体性事件、自然灾害等。街道政府的上述角色转换自然也规约了其相应职能:制度供给职能、资源支撑职能和行为引导职能。从制度供给职能看,街道政府应通过相关政策宣传塑造社区居民的自治意识、参与意识,培养居民的自治能力,并通过相关制度建构将社区自治纳入制度化轨道(特别是要促成社区权力监督体制与机制的建立)。社区自治的制度化建设也是基层政府行政管理权最终“离场”的前提条件。从资源支撑职能看,相比普通城区的街道政府,经济性特区的街道政府一般拥有较强的经济资源,应赋予社区一定的资源支撑,创造社区自治的物质基础。譬如办公用房、公益设施和人员经费等。从行为引导职能看,街道政府应以科学引导并协助社区自治机构实现对社区公共事务的有效管理,特别是社区自治机构无力管理,但又与居民日常生活密切相关的公共事务。譬如环境污染、社会治安和日常生产、生活需求。需要特别指出的是,组织化是从农民向市民的现代转型的必要过程,在社区自治的基础上,发展各种社区自治组织,使居民习惯于以组织形式参与社区公共事务管理,是建构过渡型社区现代治理结构的重要目标。

**2. 原村委会移植或者嵌入新的社区居委会,促成过渡型社区治理的稳定和有序**

不可否认,与基层政府在一般城市社区和新市民社区的作用相比较,基层政府在过渡型社区治理中的角色作用以及基层政府行政管理权在过渡型社区治理的介入深度与强度均明显不同。但基层政府在过渡型社区治理场域的退却与社会自治组织的功能彰显是一种此消彼长的长期趋势。如何使以社区居委会为主体的社会自治组织较好、较快地发挥功能,是促成上述趋势生成与演化的前提条件。过渡型社区的主体人口是同属一个或多个自然村、行政村的失地农民,基于“熟人”社会属性及现存治理需要,将原村委会组织结构及人员移植到或者嵌入到新社区居委会是合理之举。另外,在调研中,我们发现不少行政村存在大量集体资产,对这一部分资产的有效管理和经营是政府、原村委会、现居民委员会、原村民(现社区居民)多方密切关注的问题。“管不好”极易引发上访乃至群体性事件,影响社会稳定。在从行政村过渡为城市社区的过程中,环境、结构与人员变革使集体资产面临管理“真空”,持续性实现对原集体资产的有效管理成为必须解决的问题。将原村委会移植或者直接嵌入新社区居委会,既是承接传统行政村治理资源,促进过渡型社区有效治理的现实要求,又是对传统行政村集体资产管理问题的有效回应。

**3. 培育与城市社区配套的新型社区管理组织,实现公共服务**

社区公共服务是指现代社会为了社区的需要提供的社会公共服务,以及社区本身为满足自己的需求自行安排的共有服务。过渡型社区管理体制的重建,关键在于构建与城市社区一致的新型社区管理组织，以替代原来的资源与体制结合在一起的农村地域管理形态。除了将原来的村委会转换为社区居委会，村民自治组织转型为居民自治组织之外，还需要建立一系列与城市社区相对接的新型社区管理组织。主要包括：社区服务站、物业管理公司、社区服务机构和社区民间组织。当然，要实现作为社区自治组织主体的社区居委会与政府事务代理人的社区工作站之间的互动协作关系，既要保持一定界分，又要避免内耗，以促成组织合力的实现。其组织结构框架如图 1 所示：

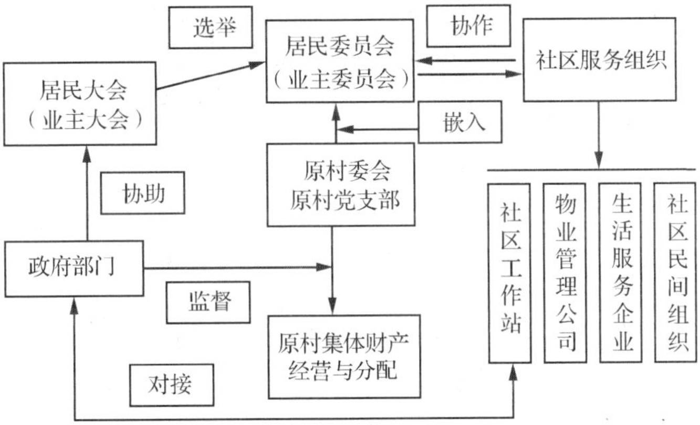


**图 1　过渡型社区治理示意图**

### 4. 设立外来流动人口“一站式”服务中心，实现针对性管理

以社区居委会为主体的多元化社区治理组织架构，虽然能够基本实现对过渡型社区的治理，但这一管理模式忽视了作为过渡型社区人口结构重要组成部分的外来流动人口的治理问题。事实上，不能怀有“鸵鸟”心态，忽视外来流动人口在过渡型社区的现实存在，将其排斥在社区治理之外，应该创造外来流动人口的社区参与机制，将外来流动人口从社区治理难题变为社区治理的有效资源。从根本上讲，过渡型社区如能够处理好与外来居民以及社区单位的关系，不仅可以反映出社区特征从农村封闭性向城市开放性转变，而且可以反映出区域的城市形态。

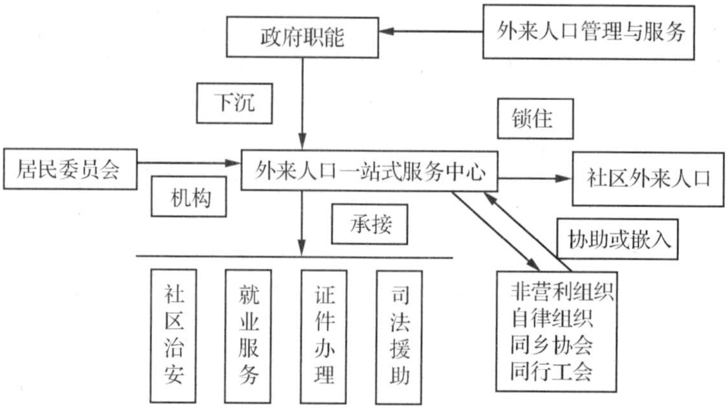


**图2 外来人口管理式服务模式示意图**

图2中有以下重要信息:①外来流动人口一站式服务中心的设立。可从地市到各过渡型社区设立纵向外来流动人口治理组织,即在地市层面设立外来流动人口领导小组,配备相应人员编制与财政资源,各区、县、街道及社区设立相应对口机构,实现纵向一体化管理。过渡型社区的对口机构可以用"外来流动人口一站式服务中心"命名。②整合与下沉政府职能。纵向设置相关机构后,要系统梳理、整合与外来流动人口管理和服务的相关政府职能,并逐步将这些职能下沉到社区一级的外来流动人口一站式服务中心,从而为社区外来流动人口提供便捷的服务。另外,从中央到区县的各种惠及外来流动人口的政策实施也可由外来流动人口一站式服务中心承接或者说组织实施。譬如外来流动人口子女入学、外来流动人口医疗保障、培训、就业信息发布、劳资纠纷的法律援助,等等。③外来流动人口自治组织的培育与发展。从根本上讲,社会自治是最好的社会控制形态,那么,最好的外来流动人口管理形态就应是外来流动人口的有效自治。组织化依然是外来流动人口有效自治的前提条件。而培育与发展外来流动人口自治组织成为政府和社区的工作责任之一。

应该说,在外来流动人口管理中,建立明确的组织机构并实现相关职能整合,就可以通过细致便捷的服务感动外来流动人口,实现对外来流动人口"锁定"式管理,最终从"政府和社区要管理外来流动人口"变为"外来流动人口要被管理"的局面。外来流动人口自治组织的培育与发展既有利于外来流动人口的有效自治,节约政府治理资源,又有利于实现组织形态的协商交流,节约交易成本,加速外来流动人口融入社区的进程,使外来流动人口不但不再是社区治理的难点,反而成为社区治理的有效资源。

## 三、新市民社区的治理情境与“自治式服务”治理模式

新市民是经济性特区能否持续发展的重要人力资源,且随着经济性特区产业转型升级,经济性特区新市民聚集趋势将日益明显。如何实现对新市民社区的有效社会管理,拓展新市民参与社区治理过程,实现公共服务与公共需求的契合,是新市民社区治理的基本依归。

### (一)新市民社区的治理情境

西方学者认为,区别于前工业社会那种小规模的、相互熟识的、同质性较强的人口聚集形态,城市是经济专门化和交通运输技术创新的产物,城市居民在价值理念和行为方式上存在巨大差异,社会认同感不足,进而形成城市社会的异质性。从个人层面来讲,面对大规模、高密度和多样化的城市环境,人们唯一的选择是适应各种‘规范的’行为,从而使得城市居民在处理与他人关系时变得冷淡、粗暴和不讲人情。这种适应性行为过程中出现的人际关系的淡化,一方面会使人在遇到危机时感到孤立无援,另一方面又会使人无所顾忌地追求以自我为中心的行为。上述城市社区生成逻辑片面强调外在技术与制度对社区的塑造作用,忽视了社区居民的社会属性和主观能动性。与此相对应的,片面强调个体行为模式则放大了居民的经济人理性,忽视了城市社区共同利益的规导作用。事实上,新市民一般拥有较为类似的社会经济地位,因已购买当地住房、拥有稳定工作,流动性也较弱,通过日常互动交往就会形成类似的社区经历、情感与共同利益,这些均成为社区公共契约精神的生成元素。在参与渠道通畅、良好组织协调和充分沟通的条件下,只要存在一定的利益关联,新市民就会主动参与社区治理,实现社区治理的“集体行动”。毕竟在绝大多数情况下,个人和其自治社区及团体是维护、实现其权利和利益的有效行动者。

### (二)“自治式服务”治理模式

“自治式服务”治理模式强调以自治与服务为基本价值理念,塑造街道政府、社区工作站、居民委员会、业主委员会和社会服务机构等社区治理组织的协调联动平台,并通过相关机制建构,实现多组织治理的互动合力。

#### 1. 街道政府角色与功能

在中国政治场域中,基层政府最为贴近公共需求,其合理的职能设计与运行机制将能保证其对公共需求信息的有效回应,化解可能引发的社会冲突。当然,各基层政府的职能设计与运行机制不能千篇一律,而应根据地域治理情况加以针

对性调塑。在新市民社区治理中,新市民社区的人口特点与现实治理资源规导了街道政府的角色与功能,即街道政府应遵循公共服务供给者为角色安排,着力避免其行政管理权在新市民社区的“越位”现象,应努力通过平等对话的协商机制和自发的市场机制为手段,实现对新市民社区治理的引导。

**2. 社区共建联盟的生成:业主委员会、社区工作站与委托服务公司**

新市民社区中的业主委员会,其组织形态较为成熟,虽也存在代表性不足的现实问题,但从本质上看,业主委员会的组成逻辑和职责体系完全符合社区自治机构的要求。虽然所肩负的职责可能相对琐碎,远不具备“民主和自治”的宏观政治意义,但对各位业主来说,前者更为贴切和重要。然而,现实情况也不容乐观,新市民社区也存在普通城市社区“鸽子笼”式的居住现状、业主间互动交往意愿缺乏和现有制度局限等现实困境,从而使业主委员会难以有效发挥组织职能,促成社区居民的“陌生人”形态。这就需要完善业主委员会的成立程序,监督并纠正房地产开发商和物业公司的不当行为,促成各新市民社区成立具有代表性的、功能性的业主委员会。

塑造社区组织的独立性就是要厘清社会组织与基层政府间的关系,应通过资源配置、机构设置与机制设计来化解社区组织对基层政府的“依赖”,同时规约基层政府的行为。当社区组织与政府采取完全分工的方式时,政府将不得不降低其身份意识,它们之间便形成平等的契约关系。应在新市民社区普遍设立社区服务站,对接政府职能,还原业主委员会及社区居委会的自治本态,恢复其自治功能。社区服务站的基本职责是协助基层政府处理与社区居民相关的公共事务。由社区议事机构聘请一家专业的委托服务公司,再由委托服务公司负责与其他各类具体的服务公司购买服务,具体服务由政府或其他的社会服务部门提供。为了建立资源共享、优势互补、共驻共建的资源整合与利益协调机制,在社区中还可以考虑建立更大范围的社区共建联盟,参加者为所有在社区的或者与社区某些特定问题相关的组织。其结构如图 3 所示:

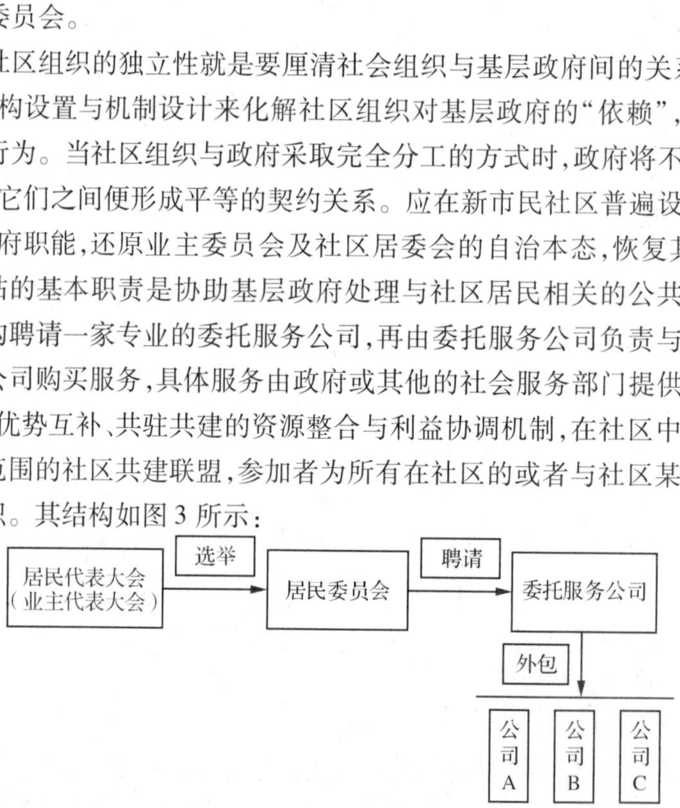


**图 3 社区共建联盟示意图**

另外,在新市民社区治理中,应借鉴公共事业民营化的方式,实现公共服务的多元供给。公共事业民营化作为新公共管理的重要内容,在西方发达国家取得了不同程度的成功,已逐渐成为西方公共事业改革以及治理模式变革的基本潮流,并对发展中国家的行政改革产生了巨大的示范效应。经济性特区的民营经济本就相对较强,民营资本充裕,政府可通过相关政策创新与行为引导促进民营资本有序进入公共事务供给领域,构建政府、民营、第三部门多维互动的公共服务供给新秩序,实现供给高质量和低成本的现实结果,回应新市民对公共服务的多样化需求。

## 四、结语

事实上,有序而又理性的社区自治本身就是更高形态的社会控制。从现实与学理的双重逻辑看,治理模式的变动节奏应在细致梳理治理区域的具体情境的前提条件下,包括社区人口结构、收入水平、工作性质、文化习俗等特征,实现社区自治与社会控制的协调统一,既要避免可能的"过渡自治化"现象,又要规避政府职能的"越位"和"错位"。当然,无论哪种社区治理情境与治理模式,均要构建高效的多元监督体制与机制,促成对权力行为的有效监督。既要动态完善监督考核内容,又要实现监督考核主体的多元化,特别是要增强居民在评估体系中的权重分值,"一票否决"是值得称颂的做法。

(沈承诚:苏州大学政治与公共管理学院讲师)

# 新型城镇化与社会建设

# 关于中国城市社会空间转型的思考
## ——基于“社会—空间”辩证法的视角

段进军

【摘要】 目前，西方关于城市社会空间研究进入一个新的时期，相对于以前基于城市社会要素分异的描述和一般性解释而言，当代城市社会空间研究更加注重背后的社会与文化机制阐释，社会空间形成背后的社会结构、体制、权力等解析成为主流研究范式，同时，更强调社会空间的行动意蕴和均衡空间观的形成。我国改革开放以来，城镇化快速推进，城市社会空间出现了很大分异，但是由于增长联盟的形成导致社会反制力量的缺失，均衡社会空间观无法建立，城市空间出现失衡和蔓延，带来了严重的社会公平和正义问题。因此，重塑城镇化进程中的社会结构，建立增长联盟的反制力量，是推动我国城市和区域的可持续发展的重要选择。

【关键词】 中国　城市　社会空间　转型

【基金项目】 国家社会科学基金项目“转型期中国城市社会空间重构研究——基于制度变迁的视角”(09BSH024)；教育部人文社科基地重大项目“结构转型与城镇化战略研究——以江苏省为例”(10JJDZONGHE021)的阶段性成果。

从“社会—空间”辩证法角度认识城市社会空间转型是一个重要的切入点。“社会—空间”辩证法就是社会和空间之间相互作用，空间安排和结构影响着人们的行为，反过来，人们的行为和其他人的相互影响，持续地改变现存的空间安排并构建新的空间，以表达他们的需要和渴望。西方在最近30年来，由于全球化和新自由主义的影响，社会空间分异和社会极化进一步扩大，特别是自2008年的金融危机后，人们对新自由主义反思和批判，社会公平和正义成为指导人们行动和追求的目标。社会反制力量的不断形成和强化，表现在空间上就是多元社会力量博弈下的均衡空间观的形成。改革开放以来，我国城镇化快速推进，城市空间急剧扩张和城市空间结构加快重组，生产出了大量弱势和边缘群体，产生了新的社会群体和社会结构，这种社会结构在空间上的表现就是城市空间分异出现和不断地扩大。但在空间分异过程中，难以形成一种社会的反制力量，以对抗资本和权力的联盟，大量城市问题和社会问题交织在一起，不能得到有效的解决。目前，我国社会经济发展所面临的国内外背景已经发生了巨大变化，国内外双重倒逼机制迫使我国城市社会空间必须转型，在这样大背景下，如何重建社会并形成一种社会的反制力量，这不仅对我国城市社会空间由失衡到均衡的建立，同时对城市和区域可持续发展亦具有重大的现实意义。

## 一、西方城市社会空间理论与集体行动的意蕴

### （一）由静态的空间描述到动态的空间行动

国外有关城市社会空间研究可以追溯到19世纪恩格斯对曼彻斯特社会居住模式的研究，其后20世纪20—30年代以帕克为代表的芝加哥生态学派对一些城市做了大量社会学调查，后被演化为3大城市社会空间模型——同心环、扇形和多核心模式。此后研究集中在城市社会区和因子生态分析。最近30年来，西方城市发展背景发生了巨大变化，基于福特制的经济发展模式和凯恩斯主义影响下的福利政策发生转型，表现为新自由主义的抬头和对福利制度的怀疑与摒弃，加之经济全球化、信息化背景下的"时空压缩"，社会分异在空间上放大。因此，在结构主义、新马克思主义等影响下，城市贫困、社会极化等成为城市社会空间研究的重要内容。沙森研究了全球化对纽约、伦敦、东京等全球城市社会形态的巨大影响，提出了产业变迁引发了西方城市"沙漏型"社会结构以及社会极化现象的理论。还有许多学者先后研究西方社会转型在就业制度、家庭和人口结构、福利供给等关键领域发生变化及引起城市贫困化和社会极化等问题。城市社会极化使城市空间呈现破碎化、分散化、断裂化以及向不确定方向发展，促使学者对城市社会空间的认识进一步深入。索加（1980）认为，空间与社会存在一种双向互动的社会空间辩证法（Sociospatial dialectic）。卡斯特（2003）认为，"空间是社会的表现"。总之，相对于以前基于城市社会要素分异的描述和一般性解释而言，当代城市社会空间研究更加注重城市背后的社会与文化机制阐释，社会空间形成背后的社会结构、体制、权力等解析成为主流研究范式，同时，当代的都市理论更加关注一种空间和社会的双向互动的作用，以及多元社会力量博弈下的城市空间的均衡态势，特别是强调一种均衡资本和权力联盟的社会反制力量的形成与社会空间集体行动的意蕴。

### （二）曼库尔·奥尔森和卡尔·波兰尼思想的启示

奥尔森集体行动逻辑的中心思想是"大型集团或潜在集团一般不会自愿采取行动来强化其共同利益"。这样"集团越大，就越不可能去增进它的共同利益"。而"小集团和大集团不仅有着量的不同，还有着质的不同，而且不能用小集团存在的理由来解释大集团的存在"。小集团往往成为特殊利益的集团，特殊利益集团

面对的激励将会使他们给社会造成极大的损失。奥尔森在《国家兴衰探源:经济增长、滞涨和社会刚性》中提出,在稳定的社会环境里,市场中的个体与公司的逐利行为会产生因私利而勾结共谋的“卡特尔”式的组织严密的社会网络。社会运转如果缺少变革且愈加僵化,这样的网络组织就会变得更加强大,经济增长速度也就会愈加趋缓。奥尔森认为,随着时间的推移,稳定的民主政体中将会集聚一批政治权力与日俱增的分配联盟,进而阻碍社会经济的发展。并指出德国和日本战败使经济增长的特殊利益集团随之覆灭,与此同时,特殊利益集团在英国的权力正如日中天,它们正是英国经济疲软的罪魁祸首。奥尔森的思想揭示了在社会发展的过程中既得利益集团的形成,以及对社会发展和转型的强大阻力。

著名的经济学家卡尔·波兰尼主张市场经济和现代国家不应该被理解为截然分开的两个主体,而应该被视为浑然一体的人类发明,他称之为“市场社会”。他认为,市场社会是不可能持续的,因为它会对人类赖以生活的自然与人文环境造成致命的破坏。一方面,市场社会不是自然演进的结果,“放任自流”早在计划之中,它的原动力来自于国家行为,所谓自由市场的形成,正是政治力量的“有形之手”操纵下的杰作。另一方面,社会对市场的反制运动或自我保护行动则是自发的、无计划的。他们来自社会各方不自觉的联合,以对抗市场带来的毁灭性冲击。波兰尼认为,“自我调节”市场的结构,使社会必然分为经济和政治领域。自我调节市场在带来空前物质财富的同时,也导致大量社会动荡和社会自我保护自发运动的崛起。市场倾向于把土地、劳力和金钱看作“虚构产品”,将社会的本体置于市场规律的管制之下。自由市场一旦想脱离社会结构的束缚,社会的自然反应——社会保护主义就会产生。这种反应被波兰尼称为“反制运动”。卡尔·波兰尼所揭示的社会“反制运动”和“保护社会”的思想,在某种程度上就是构成一种对既得利益集团或者说权力和资本增长联盟的“反制力量”。

综上所述,虽然奥尔森和波兰尼二人的理论都没有涉及城市社会空间问题,但在某种程度上两位思想家的思想对于城市空间的均衡发展具有重要的指导性,现代空间理论(本文以列斐伏尔和索加为例)特别是“空间—社会辩证法”的理论也集中体现了两位思想家的智慧,即一种集体行动的意蕴和社会反制力量的形成。而西方城市规划的理论发展也体现出一种集体参与性和多元社会的均衡博弈。

### (三)“社会—空间”辩证法与集体行动的意蕴

列斐伏尔社会空间理论主要从三个层面构成表达一种“空间生产的辩证法”,其一空间实践,即人们对物理性环境的改变,人们在一定的观念和计划的指导下,把自然改成“人化的自然”。其二是空间的表达，现实中的空间必然表现、表达了占主导地位的生产关系。空间的现实性呈现着政治与意识形态，感性地表达着现实世界的不平等等深层问题。其三是表达的空间，在列斐伏尔看来，在被精英主宰、秩序化的空间中，人们一直通过行动实践地不断营建与理性化、秩序化空间相对的日常空间。“通过对空间的想象性运用，他们具有一种潜能，挑战空间实践和空间概念的统治者。”

索加提出了空间、历史和社会的三元辩证法，特别是提出了“第三空间”的理论。在索加看来，一方面，第三空间是被统治、被动的空间；另一方面，第三空间又是最具有变动潜质的空间。在被动性与变动性的辩证统一中，第三空间是真正的鲜活空间，一种“处于变动中的另一个的第三”。“在这个不同的或‘第三’视角中，都市生活的空间特殊性是完全鲜活的空间，既真实又想象化的，既是事实又很实际，既是结构化个体的位置，又是集体的经验与动机。”索加强调第三空间，其深层原因在于，他希望通过切实可行的集体行为，改变空间生产与社会结构的不平等性，改变生活于第三空间中的人的边缘位置。

### （四）城市空间规划的变革与社会的参与性

西方城市规划理论大致可以划分为三个阶段：第一个阶段是将理性规划模型当作第一代规划理论，主要是关注规划过程的科学理性；倡导性规划为第二代规划理论，焦点是转向规划过程的公平性、特别是对弱势群体的关注（程序理性）；协作性规划则属第三代规划理论，关心的是规划过程的集体理性，在利益多元化的条件下、基于集体理性建立共识的决策过程（新的价值理性）。正如约翰·弗里德曼所认为的那样，人类生存环境，更加具体地说是城市人居环境是多种力量在不可预知的方式之下相互作用形成的。弗里德曼提出六种类型的社会空间过程，简单地说就是城市化、区域经济增长和变化、城市建设、文化差异和转变、自然变化、城市政治和授权。这六种过程复杂而动态的相互关系之下，它们造就了我们生活其中的多元化的人居环境。他强调了在城市空间产生过程中集体参与者的有意识的干预——这涉及政府、资本和有组织的公民社会，结果可能令一方或其他方满意。因此，显然规划师把一个标准化的结构强加于城市之前，需要很好地理解城市的形成过程是怎样，或者仔细想一想，对于不同的相关利益，当前的调节方法可能是怎样？

## 二、中国城市空间分异与社会反制力量的缺失

### （一）中国城市社会空间分异的形成

自1978年以来，中国社会经济开始转型并蕴含市场化与现代化两个进程：前

者为“体制转轨进程”，即从计划经济体制向多元的市场经济体制转变；后者为“结构转型进程”，即从封闭的、半封闭的传统社会向开放的现代型社会转变。在此背景下，中国社会结构中弱势群体逐步扩大，并出现社会结构的断裂以及由此产生的“拉断效应”，并随着中国逐步融入经济全球化，对社会结构产生更强的拉断效应。城市社会空间重构与分异趋势加剧，诸多学者对此进行了深入研究，但概括起来，这些研究认为，自然地理环境、城市经济发展政策、城市开发与规划、区域历史背景、住房制度改革等因子是影响中国城市社会区形成的主要因子，同时，社会经济状况、家庭结构、民族和籍贯等因素渐渐成为城市社会空间分异的重要因素。进入21世纪，转型期中国城市社会空间分异研究成为新动向，研究结果表明，转型期中国大都市的社会空间分异更趋显化，传统的户籍制度、规划政策、历史因素仍然是当今我国大都市社会空间分异的底色，并将因为“路径依赖”作用而继续存在，但以经济指标为核心的市场要素主导下的分异有强化趋势。这些研究更加注重全球化、后福特主义、新自由主义等新语境的吸纳，某种意义上是对西方同行研究的回应性研究。

（二）中国城市空间扩张与增长联盟的形成

1990年以来，由于中央权力的下放，中国地方政府独立决策能力的上升，成为城市发展的主力，并采取吸收国内外投资拉动经济增长的发展战略，与此相应的，经济投资对应于土地投入，而土地成为地方政府的重要资源。因此，加大土地投入以承载投资资本成为政府城市发展的基本思路，并在现实中予以大力实施。但由于中国民主化、法制化进程尚处在完善过程中，城市市民社会、非政府组织（NGOS）的力量极其薄弱，所以，民众被排斥在城市增长联盟之外，并且这种增长联盟不受监督。这种增长联盟伴随我国城市化空间的扩张和蔓延，而且是在扩张过程中城市的新社会阶层形成的根本原因。列斐伏尔提出了空间生产的概念，这些年我国城市空间扩张和空间结构的变化与我国社会结构的变迁是紧密联系在一起的，这种城市空间的扩张带来了一种空间垄断的形成，以及大量社会弱势群体和边缘群体的形成。据估计，2000年全国已有5 000万农民失去土地。2001—2004年，全国又净减少2 694万亩耕地，按人均4亩耕地计算，相当于增加了670万农业剩余劳动力。如果按照这种趋势发展下去，到2020年还将有6 000万农民失业和失去土地。由于土地价格低、补偿不到位等，农民利益受到严重侵害，甚至陷入“种田无地、就业无岗、低保无份”即所谓“三无农民”的困境。

（三）城市空间的垄断与反制力量的缺失

我国城市空间扩张和增长联盟的形成，成为影响我国城市和区域空间最重要的垄断力量，是导致我国城市空间扩张和失衡的重要原因。近10年来，我国城镇化进程中空间失控极为严重。这是城镇化发展的“冒进式”的重要表现之一。全国地级以上城市建成区面积由2000年的16 221万平方公里增加到2004年的24 943万平方公里，增加了53.77%。在这种土地大扩张的情况下，城市人均综合占地很快达到110～130平方米的高水平，这是大多数人均耕地资源比我国多几倍乃至十多倍的欧美发达国家的水平。我们认为，空间扩张过程实质上就是增长联盟土地空间租金的瓜分和掠夺的过程。这些年我国地方政府财政收入绝大部分都来源于土地的租金收入，特别是在这个过程中房地产商也获得了巨大的商业利益。由于城市空间扩张的巨大空间租金，各地城市规划根本无法起到约束城市空间扩张的作用，反而由于领导人不断的更换而修编，为城市空间扩张寻求合理的理由。在城市空间大扩张的过程中生产出的大量边缘群体和失地农民无法形成一种城市空间扩张的反制力量，而一些中产阶级实际上也被“房奴”或“孩奴”等所困扰，也无法对增长联盟形成反制。我国城市空间扩张实质上仍然延续着古代的“大一统”的空间观，只不过由单一权力的空间观变为权力与资本联盟的空间观，还没有形成一种可以与权力和资本博弈的反制力量。空间和权利联系在一起的，这种权利不仅包括经济利益、政治利益，还包括社会利益等。在城镇化快速推进的过程中，大量农民对于土地并不具有所有权，因而他们也无法将土地资源资本化，这实际上等于被剥夺了一种“空间权”，一旦政府要征地，他们必然陷入一种“三无”困境。另外，到城市就业的“农民工”一般以非正规就业为主，收入水平低、居住条件简陋恶劣（城市边缘地区的“城中村”、简易房、或建筑工棚、地下室等），与“贫民窟”相差无几。对于这部分边缘群体来讲，其在城市也没有“空间权”，与此相应的，也就不会在教育、医疗、就业、社会保障等方面享受必要的权利。总之，城市空间被权力和资本所垄断，无法在多元利益参与下形成科学的空间规划。

## 三、社会重建与中国城市均衡空间观形成

### （一）改变GDP主义导向，实现深层的社会转型

郑永年指出，在当前，GDP主义导向对于社会发展具有极大的破坏性，同时认为这种GDP导向其深层问题仍然是巩固一种增长联盟，中国的GDP主义导致了很多方面的结果：第一，GDP主义进入很多社会领域，错误地把社会政策领域“经济政策化”。第二，GDP主义盛行，社会政策无法建立、健全。这主要表现在社会保障、劳动保护、教育公平、农民工权利等方面。没有社会政策，已经形成的中产阶级就没有保护机制，而更多属于中下层的人难以上升为中产阶级。换句话说，

GDP是以破坏社会来保障经济增长的。GDP导向在城市空间表现上就是通过大型基础设施建设实现城市空间的大扩张，而这种大扩张与社会重建之间是相互冲突和矛盾的，通过空间大扩张无法实现社会重建，只能制造出更多的失地农民和弱势群体。现在各地都提出转型升级，如何转型升级？转型升级的深层内涵是什么？转型升级和空间扩张是什么关系？经济转型和社会转型之间内在的关系又是什么？等等。其实，我们可以看到，很多地方提出的转型升级仍然集中在经济的转型升级，看不到经济转型与社会转型的内在关联性，看不到在当前特有的历史发展阶段，只有通过社会重建才能最终实现经济的可持续发展。故狭义的经济转型仍然体现着一种根深蒂固的GDP主义导向，体现着一种城市空间的大扩张，其只能制造更多的社会问题。

（二）挖掘“第二次人口红利”，促进农民工的市民化

中国要向消费社会转型，就必须建立一整套有助于消费社会发展的社会制度，例如医疗保险、社会保障、教育和环保等政策。没有这样一套制度，就不可能出现消费社会。在进行社会改革的过程中，我们必须要很好地利用“第二次人口红利”。“第一次人口红利”就是我们传统意义上的劳动力丰富和储蓄率高。有学者预计到2015年以后会出现一个转折点，但还是有一些“第一次人口红利”可以挖掘的。“第一次人口红利”的利用形式主要是劳动力从农业转向非农产业，虽然转换了就业结构和就业身份，但其消费模式、社会身份没有转化，所以他们的消费贡献、对社会公共服务以及城市居住设施提出的需求还没有被充分挖掘。因此，应该把推进农民工的市民化，推进公共服务的均等化，看作是对“第一次人口红利”另一半的挖掘。目前，我国人口城镇化率接近50%，而非农业户口人口的比重只有33%，中间还有17个百分点的差距，“第二次人口红利”开发将有利于我国内需的扩大和经济发展方式的转变。同时，也有利于促进我国城市和区域发展内生型模式的形成。

（三）社会重建与内需市场的启动

大多数学者都认同启动内需是我国未来经济发展的最重要选择。同时，很多学者都认同启动内需与社会重建之间的关系，以及经济结构转型与社会结构转型的一致性。孙立平说，启动内需不是让老百姓花钱这样一个简单的问题。20世纪30年代经济大萧条及罗斯福新政给我们的一个直接启示就是，要通过社会利益关系的调整，通过社会结构的转型，通过相关社会制度的建设，启动内需这个问题才能得到真正的解决。1932年罗斯福在竞选总统的首次演讲中，强烈地指责胡佛的共和党政府专门救济大银行、大企业。他嘲笑那些“肤浅的思想家”，说他们不懂得

怎样去帮助农民。他说:“在这个不幸的时代,我们要制订出一些计划来,把希望重新寄托在那些压在经济金字塔底层、被人遗忘了的人们的身上。”可见,在20世纪30年代的美国,社会改革是罗斯福新政的一个重要组成部分,很多学者认为我国的目前状况与20世纪30年代的美国有点相似,我们还要抓住历史机遇加快社会改革,这也是促进我国内需市场启动的重要选择。除了上述社会重建与内需市场之间的关系外,我们还要看到社会重建、内需市场与空间扩张三者之间的关系。可以看到这些年我国城市空间扩张是与投资驱动关联在一起的,也就是大量投资集中用于城市空间规模的扩大,无法用于改善城市社会结构和提高居民的福利,因而也就无法提高消费在我国经济发展中的主导作用,同时,城市空间扩张和蔓延不但不能有效地改善社会结构,反而却还在不断恶化着社会结构。我们需要通过社会重建来实现内需市场的启动和均衡空间观的形成。

(四)社会重建与均衡空间观的形成

社会重建是建立增长联盟反制力量的重要选择,也是我国均衡空间观形成的重要条件。我们认为,均衡空间观形成的一个重要标志就是改变大尺度的城市空间扩张的问题,在规划方面的最重要表现即由大尺度的空间规划走向小尺度的社会规划。“十二五”规划是以“调结构、转方式、惠民生”为主线,更加突出人的全面发展,更加突出民生建设和公正公平,正开启中国以社会建设为主轴的“二次转型”。城市发展和城市规划的重点将从物质空间转向社会空间,从功能空间转向行为空间,从服务经济生产转向服务个体生活,推动低碳发展,促进社会改良,提高生活质量。因此,中国规划理论的研究应该紧扣社会变迁的大背景,立足于“市场化转型”的起点,积极应对“社会化转型”的挑战,构建未来30年中国城镇化和城市规划发展的政策体系框架。随着我国城市规划层次体系的完整化,小尺度的社区规划将会成为空间优化的主要手段,城市管理体系的重心也将继续沉淀在社区层次。城市规划需要转变规划思路,以社区为依托载体,构建以每一位普通市民为服务对象、以日常行为空间为客体的生活服务规划和政策框架,提高生活质量,引导转变生活方式。

(段进军:苏州大学中国特色城镇化中心副主任、苏州大学商学院教授)

# 城乡结合部过渡型社区居民社区参与及其影响因素分析
## ——基于苏州工业园区若干社区的调查

张　晨　季程远

【摘要】 基于对苏州工业园区三个社区819位居民的问卷调查与访谈，本文利用因子分析、结构方程模型、回归分析等探求过渡型社区居民社区参与行为的影响因素，综合评价了主要包括社会参与意愿、政治参与意愿、社区效能感和实际参与状况的社区参与综合情况，对这些因素在进行了进一步描述后得出结论。结果表明：第一，过渡型社区存在着政治冷漠倾向，高参与意愿和低参与行为并存。第二，加强公共设施的建设，增强居民对社区硬件的满意度。第三，打破户籍制度限制，赋予外来务工人员在地选举权。第四，加强社区服务人员责任心，提高社区活动宣传力度。

【关键词】 过渡型社区　社区参与　因素分析　结构方程模型

【基金项目】 国家社科基金青年项目(09CZZ007)——“城市化进程中‘过渡型社区’治理问题研究”的阶段性成果。

## 一、引言

20世纪80年代末以来，伴随着改革开放的深入，我国城镇化进程开始加速，随之出现了流动人口大量进入城市务工的浪潮。与此同时，在各大城市周边，处于农村与城市交界处的城乡结合部地区也伴随着城市的扩张而出现了大量主要由政府投资的失地农民拆迁安置小区，大量失去土地的、“退了壳的农民”从此开始了向市民的转变。在苏州工业园区，大量以制造业为主体的外向型经济非常繁荣，这些失地农民的拆迁安置小区由于其天然的区位优势及价格因素吸引了大批流动人口入住，主要由失地农民和流动人口组成的、有别于城市街道社区和农村村落社区的第三类社区——“过渡型社区”应运而生。

一个真正意义上的、作为共同体而存在的社区，离不开居于其间的居民对社区事务的积极参与；同时，也正是社区参与带来了社区生成过程中人际信任和社会资本的不断积累。因此,社区参与成为考察"过渡型社区"生成和演化的重要维度。然而,身份转变中的失地农民和外来流动人口,使得此类社区的人口具有不同于以往社区的强烈的异质性,这导致了过渡型社区的社区参与呈现出不同于其他类型社区的复杂特征。本文以苏州工业园区的三个过渡型社区为研究对象,考察该类社区的社区参与状况,分析影响该类社区社区参与的主要因素,并尝试在此基础上提出改善过渡型社区社区参与状况和效果的对策思考。

## 二、研究设计

### (一)研究综述

我国的社区建设兴起于20世纪80年代,到20世纪90年代逐渐受到关注,其原动力包括两个方面,一是政府自上而下的规划推动力,二是社区自下而上的需求拉动力。前者主要是政府职能合理分工,把管理社会工作的职能转到社区以及现代企业中剥离的社会管理责任,后者则来源于由此产生的情感需要,社区参与即是这种社区自下而上需求拉动力的表现形态。

所谓社区参与(Community Participation),就是社区居民自觉自愿地参加社区各种活动或事务的过程。社区参与是一种公众的参与,意味着社区居民对社区责任的分担和成果的共享,它使每一个居民都有机会为谋取社区共同利益而施展和贡献自己的才能。社区参与是对各种决策及其贯彻执行的参与,是对社区的民主管理,它使每一个居民都有机会向地方政府表达意见,以维护自己的利益。而国内研究者对社区参与所作的概括虽各有侧重,但其内涵不外乎四个方面:一是社区参与的主体是社区居民;二是社区参与的客体是社区各种事务;三是社区参与的心理动机是公共参与精神;四是社区参与的目标取向是社区发展和人的全面发展。从社区参与的内容来看,社区参与大体可分为社区内的社会参与和社区内的政治参与两大类别,但需要注意的是,在实践中其界限在某种程度上讲很难明确划分。

目前国内对社区参与的研究,大多集中于对城市社区参与的关注。针对当前我国社区参与现状,大多数学者对居民的社区参与总体上的不足达成了一定的共识,大家认为这一不足主要表现在以下几个方面:参与愿望较强,但实际参与率不高;参与方式被动多,主动少,执行性参与多,参与层次不高;参与面窄,专业水平低,个体化参与多,组织化参与少;政治性参与少,非政治性参与多,参与领域不平衡,参与不深入;参与渠道不畅;社区参与机制运行的行政化严重。居民参与意识侧重于关心自己切身利益（主要是物质利益）的公共事务，不太注重社区文化生活与其他重大社会事务的管理。不可否认的是，随着我国城镇化进程和基层民主政治建设的推进，我国的城市社区参与呈现出了良好的发展态势，参与渠道、参与形式和参与内容都有所变化。而对于社区参与意愿及其影响因素的研究目前较少，有学者对上海市社区居民参与意愿进行了定量研究，并得出结论：居民的社区参与意愿受到其个人背景和其所处的社区环境的影响，且社区环境的影响力大于个人背景的影响力。

关于社区参与问题的研究方法上，目前国内学者的研究多集中于城市社区领域，采用的多是定性研究或较浅层次的描述性的定量研究。本研究则试图在现有研究的基础上，在两个方面有所推进：①将社区参与问题的研究，从城市社区拓展到过渡型社区；②在对过渡型社区社区参与的基本情况进行描述性定量研究基础上，进一步深入探究社区参与的各种影响因素，从而为过渡型社区的社区参与寻求改进之道。

### （二）问卷设计

综合前人研究及课题组实践，我们主要从居民社区参与效能感、居民社区参与意愿、居民社区参与实际行为来综合评价过渡型社区居民的社区参与状况及其影响因素。我们设计的“过渡型社区民众社区参与意愿与行为调查问卷”共分为5部分，分别为社区参与效能感（即居民对待社区活动与自身利益关联的认同感）、社区参与意愿、实际参与行为、社区满意度以及被调查者身份信息，前三部分详见表1。

**表1　过渡型社区居民社区参与指标**

| 因子 | 问卷问题 |
|---|---|
| Y1 社区参与效能感 | Y11“各人自扫门前雪，莫管他人瓦上霜”的说法认同<br>Y12“在社区事务中我的意见无足轻重”的说法认同 |
| Y2 社区参与意愿 | Y21 社区内举办的各种活动的参与意愿<br>Y22 愿意尽力鼓励家人或邻居参与社区活动的意愿<br>Y23 为社区组织的公益活动提供资讯或物质协助的意愿<br>Y24 积极参加社区村（居）委会选举的投票的意愿<br>Y25 作为候选人参与社区选举的参与意愿 |
| Y3 实际参与行为 | Y31 参加社区组织的各类活动情况<br>Y32 居住到社区以来受邀或参与过社区事务的讨论情况<br>Y33 参与社区活动的主要身份 |

（三）数据来源

本文所依据的数据资料来自于2010年7月在苏州工业园区金益新村、莲花新村、淞泽家园三个社区所作的“过渡型社区民众社区参与意愿与行为调查问卷”的一部分。在了解各社区楼宇分布后，本次调查的抽样方法采用多级整群抽样和简单随机抽样方法，入户收集信息。考虑到样本总体的规模，抽样的精确性，总体的异质性程度以及研究者所拥有的经费、人力和时间等因素，本次调查共发放问卷1 000份，最后回收并剔除无效问卷后共819份，回收率为81.9%。

（四）数据处理

**1. 受访者基本情况**

本次调查的受访者基本情况主要包括：性别、年龄、职业、文化程度、政治身份、户口所在地、月平均收入等（表2）。

**表2 受访者基本情况的描述性统计**

| 特征 | 类别 | 频数 | % | 特征 | 类别 | 频数 | % |
|---|---|---|---|---|---|---|---|
| C1 性别 | 男 | 424 | 51.8 | C4 文化程度 | 小学及以下 | 113 | 13.8 |
| | 女 | 395 | 48.2 | | 初中 | 241 | 29.4 |
| C2 年龄 | 19岁以下 | 51 | 6.2 | | 高中或中专 | 247 | 30.1 |
| | 20～29岁 | 412 | 50.3 | | 大专 | 138 | 16.8 |
| | 30～45岁 | 197 | 24 | | 大学本科 | 74 | 9 |
| | 46～59岁 | 124 | 15.1 | | 研究生及以上 | 8 | 1 |
| | 60岁以上 | 36 | 4.4 | C5 政治身份 | 中共党员 | 80 | 9.8 |
| C3 职业 | 政府、事业单位 | | | | 民主党派 | 11 | 1.4 |
| | 工作人员 | 37 | 4.5 | | 无党派人士 | 74 | 9 |
| | 公司职员 | 278 | 34 | | 群众 | 654 | 79.8 |
| | 工厂工人 | 160 | 19.5 | C6 户口所在地 | 本地户口 | 357 | 43.6 |
| | 服务人员 | 70 | 8.5 | | 外地户口 | 470 | 57.4 |
| | 个体户 | 58 | 7.1 | C7 月平均收入 | 1 000元以下 | 188 | 23 |
| | 学生 | 51 | 6.2 | | 1 000—2 000元 | 302 | 36.9 |
| | 农民 | 47 | 5.7 | | 2 001—4 000元 | 267 | 32.6 |
| | 离退休人员 | 23 | 2.8 | | 4 001—6 000元 | 41 | 5 |
| | 无业 | 96 | 11.7 | | 6 001元以上 | 20 | 2.4 |

**2. 数据信度分析**

在进行数据进一步分析前应对问卷数据进行信度分析，较高的信度表明问卷可信度较高，具有良好的稳定性和一致性。本文对调研数据的信度检验采用

Cronbach α 系数作为检验标准。经过计算，调查问卷数据的总 Cronbach α 系数为 0.706，这表明，问卷测量变量的设计达到信度要求，符合调查的预期目标。

## 三、结果及分析

### （一）过渡型社区居民社区参与的探索性因子分析

在进行探索性因子分析前，我们要对样本进行 KMO 样本测度和 Bartlett 球体检验，以确定调研数据是否适合用因子分析。经检验，论文数据 KMO 统计值为 0.708，Bartlett 球度检验卡方值为 1 672.835，自由度为 45，相伴概率为 0.000，两者都表示调研数据样本量充足，适合做因子分析。

本文采用主成分分析法进行因子提取，并按符合共同性标准的原则提取 4 个公因子。所有指标的共同度最小也达到了 0.578，从表 3 可以看出，采用方差极大化方法对因子负荷进行正交旋转后，前 4 个因子的特征根均大于 1，累计方差贡献率达 67.233%，说明这 4 个因子保留了原始数据中的大部分信息。

**表 3　特征根和方差解释比例**

| 因子 | 未经正交旋转 | | | 正交旋转后 | | |
|---|---|---|---|---|---|---|
| | 特征根 | 解释比例（%） | 累积解释比例（%） | 特征根 | 解释比例（%） | 累积解释比例（%） |
| 1 | 2.794 | 27.939 | 27.939 | 2.054 | 20.542 | 20.542 |
| 2 | 1.628 | 16.277 | 44.216 | 1.819 | 18.191 | 38.733 |
| 3 | 1.361 | 13.608 | 57.824 | 1.552 | 15.522 | 54.254 |
| 4 | .941 | 9.409 | 67.233 | 1.298 | 12.979 | 67.233 |

因子提取结束后，借鉴信度检验原理，把样本随机分成两部分，并对这两部分的被试结果进行因素分析，一共进行 5 次，发现累积解释比例基本达到 65% 以上，表明表 3 所示 4 个因子的解释是稳定的。

表 4 结果显示，10 个指标被概括为 4 个因子，根据各因子包含的内容分别命名为社会参与意愿因子、政治参与意愿因子、实际参与行为因子和社区参与效能感因子。

**表 4　因素分析结果摘要表**

| 指　标 | 因子 | | | | 共同度 |
|---|---|---|---|---|---|
| | 1 | 2 | 3 | 4 | |
| b2 愿意尽力鼓励家人或邻居参与社区活动的意愿 | .869 | | | | .785 |
| b1 社区内举办的各种活动的参与意愿 | .804 | | | | .674 |
| b3 为社区组织的公益活动提供资讯或物质协助的意愿 | .729 | | | | .588 |
| d1 参加社区组织的各类活动情况 | | | .815 | | .689 |
| d2 居住到社区以来受邀或参与过社区事务的讨论情况 | | | .749 | | .578 |
| d3 参与社区活动的主要身份 | | | .747 | | .586 |
| c2 作为候选人参与社区选举的参与意愿 | | .864 | | | .783 |
| c1 积极参加社区村(居)委会选举的投票的意愿 | | .819 | | | .741 |
| a1“各人自扫门前雪,莫管他人瓦上霜”说法的认同 | | | | .805 | .659 |
| a2“在社区事务中我的意见无足轻重”说法的认同 | | | | .794 | .640 |
| 新因子命名 | 社会参与意愿 | 政治参与意愿 | 实际参与行为 | 社区参与效能感 | |

将 4 个因子得分按照标准分转化为 0 ~ 100 的值,其分布详细情况见表 5。

**表 5　4 个因子分布状况**

| | | 社会参与意愿 | 政治参与意愿 | 实际参与行为 | 社区参与效能感 | 社区参与综合评价 |
|---|---|---|---|---|---|---|
| 偏度(SK) | | -1.15 | -.71 | 1.08 | -0.39 | -0.13 |
| 峰度(K) | | 1.33 | -.28 | .53 | -0.73 | 0.07 |
| 百分位数 | 25 | 77.39 | 73.29 | 58.80 | 78.53 | 65.72 |
| | 50 | 82.81 | 82.29 | 64.28 | 83.93 | 72.18 |
| | 75 | 88.08 | 87.61 | 73.65 | 92.53 | 78.55 |

其中社区参与综合评价值是以 4 个因子的方差贡献率为权重,进行标准化后转换为 0 ~ 100 的分值。社区居民社会参与能力平均得分为 72.18 分。各项得分

中,社会参与意愿因子得分较高($M=82.81$),并且呈现明显的左偏和尖峰分布,说明分布在平均数上下较多,且多高于平均值。这表明社区居民参与社区一般性活动,如文体、公益活动等的意愿是比较强的。调查的另外一题"居民最喜欢的社区活动"其调查结果也证明了这一点(见图1)。居民政治参与意愿($M=82.29$)得分也较高,社区参与效能感得分($M=83.93$)也较高,这表明过渡型社区居民有着较为强烈的社区参与意愿和效能感。但与此形成鲜明反差的则是实际参与行为($M=64.28$)的不理想,平均得分远低于另外3个因子,且呈现右偏分布,表明较多的人仍在平均分下方,只是一些社区参与的积极行动者拉高了平均分。过渡型社区居民虽然参与意愿和效能感高,但是却缺少实际的社区参与行为,特别是社区民主自治活动,虽然居民参与意愿强烈,但实际参与行为却令人失望。

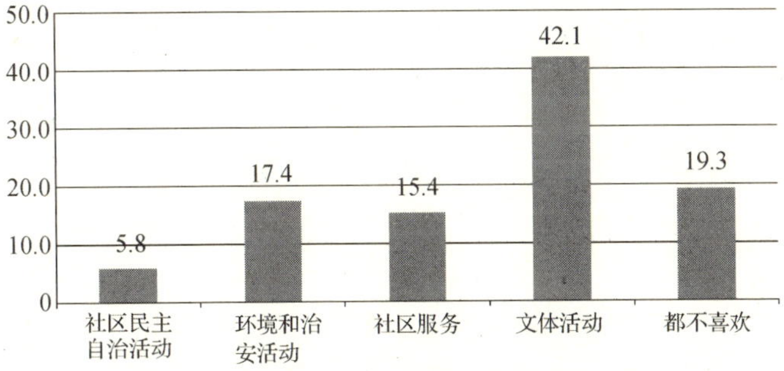


**图1 居民参与社区活动情况%**

(二)过渡型社区居民社区参与的结构方程模型

在探索性因子分析基础上,本研究使用LISREL构建过渡型社区居民的社区效能感、社会参与意愿、政治参与意愿影响实际参与行为的结构方程模型。经过模型拟合与修正,拟合指标如下:$x^2/\mathrm{df}=68.25/30=2.275$,$GFI=0.98$,$NFI=0.97$,$CFI=0.98$,$RMR=0.038$,$RMSEA=0.039$,并且各个路径都达到显著,表明建构的模型能够较好地拟合观测数据。模型见图2。

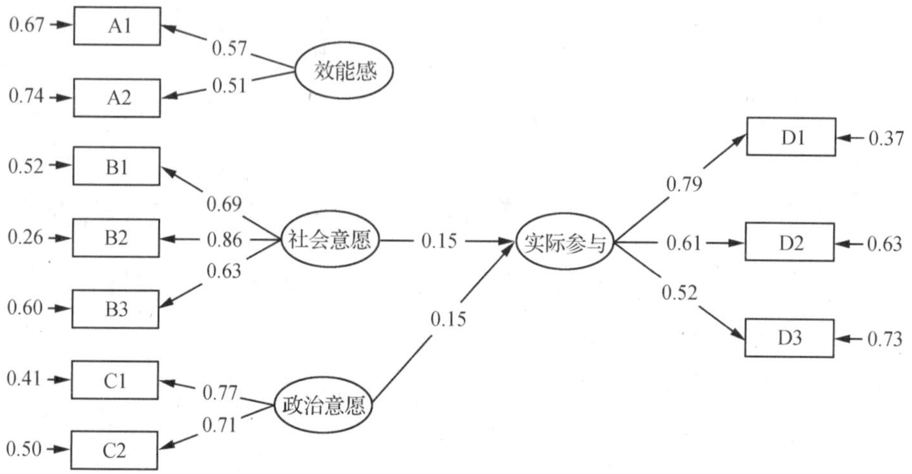


Chi-Square=67.97, df=30, p-value=0.00009, RMSEA=0.039

**图2　过渡型社区居民社区参与的结构方程模型**

经检验,考察社区参与效能感、社会参与意愿和政治参与意愿对社区实际参与行为的影响,发现社会参与意愿和政治参与意愿对社区实际参与行为的影响达到显著,但影响均只有0.15,这表明,模型并没有发现重要影响因素,后续研究应当在此基础上深挖。社区参与效能感对于居民实际参与行为的影响并不大,可能是因为居民参与效能感普遍较高,导致与其他两个因素相比,其对社区实际参与行为的影响微弱。居民社区参与意愿都对实际参与行为呈现正相关,即参与意愿强者,其参与行为表现也较好。

### (三)影响过渡型社区居民社区参与的因素分析

为进一步探讨影响过渡型社区居民社区参与的具体因素,我们将个人身份因素(包括性别、户口所在地、政治身份、文化程度)和社区环境因素(包括社区硬件满意度、软件满意度)共6个变量分别引各因子的线性回归方程,结果见表6。由于经济收入和文化程度存在共线性问题,且考虑到中国人的普遍心理偏好,也造成了经济收入指标的数据存在失真的风险,因此本研究未将该变量引入回归方程。社区硬件满意度的测量在问卷中采用李克特5级量表,包括社区生活便捷、消防治安、环境卫生、道路灯光、文化娱乐5个指标,加总形成社区硬件满意度;社区软件满意度则包括社区村(居)委会和社区服务站工作质量的满意度。

表6　过渡型社区居民社区参与影响因素的线性回归分析（Beta值）

| 自变量 | | 社会参与意愿 | 政治参与意愿 | 实际参与行为 | 社区参与效能感 | 社区参与综合评价 |
|---|---|---|---|---|---|---|
| 社区环境因素 | 硬件满意度 | .221*** | .066 | .194*** | −0.068 | .241*** |
| | 软件满意度 | 0.014 | .023 | .081** | .166*** | .125** |
| 个人身份因素 | 性别[a] | −.060* | −0.021 | .088** | .01 | .005 |
| | 户口所在地[b] | −0.007 | −.122** | −0.036 | −0.004 | −.082** |
| | 政治身份[c] | −0.001 | .007 | .128*** | −.062* | .047 |
| | 文化程度 | .080** | .232*** | −0.025 | .041 | .157*** |
| | 调整 $R^2$ | 0.121 | 0.123 | 0.152 | 0.103 | 0.172 |
| | F值 | 19.213*** | 19.525*** | 24.085*** | 14.173*** | 30.627*** |

注：* 表示 $0.05 < p < 0.1$，** 表示 $0.001 < p \leq 0.05$，*** 表示 $p \leq 0.001$。

a：性别以女性为参照组；

b：户口所在地以本地户口为参照组；

c：政治身份以群众为参照组。

回归模型表明，本研究通过社区环境满意度和个人身份因素做自变量来综合评价社区居民社区参与，可减少17.2%的误差，社会参与意愿可减少12.1%的误差，政治参与意愿可减少12.3%的误差，实际参与行为可减少15.2%的误差，社区参与效能感则可减少10.3%的误差。各模型 $F$ 值显著性均达到0.001水平，表明了模型是有意义的。但是，一些重要的影响因素并没有被发现，后续研究应当以此为努力方向。

从具体自变量的影响作用来看，首先是社区环境因素。社区硬件满意度对社区参与综合评价值的回归系数为0.241（$p < 0.001$），这说明过渡型社区居民对社区硬件满意度越高，其社区参与情况就越好。不难理解，社区基础设施建设得越好，失地农民和外来务工人员对社区将更为依恋，建设和融入社区的意愿就更加强烈，其社区参与的实际状况就越好。从对其余因子的影响来看，社区硬件满意度对居民社会参与意愿和实际参与行为有很好的促进作用，其回归系数分别高达0.221和0.194。这和国内外其他学者在相关问题上的分析是吻合的，同时还能说明过渡型社区在社区满意度的现状和趋势上更接近城市社区的发展态势。这表明，要提高社区居民的参与度，社区管理者必须优先建设好社区，从社区生活便捷、消防治安、环境卫生、道路灯光、文化娱乐等各方面入手。

软件满意度对社区参与综合评价值的回归系数为0.125（$p < 0.05$），这表明虽然其影响程度比硬件满意度小，但仍然是对社区居民社区参与有重要影响的变

量。对于其他4个因子,首先对社区参与效能感的影响达到了显著,回归系数为0.166($p<0.001$),它是该变量最重要的影响因素,当居民满意社区的村(居)委会工作和社区工作站的工作时,居民将表现出更强烈的参与效能感,同时,对于个人参与效能感,社区的硬件提升并不能对此有所提升,这表明,如果一个社区的社区服务是低质量的,居民将更多认同"自己的意见无足轻重",社区参与行为的提高更无奢望。另外,实际参与行为的回归系数为0.081($p<0.05$),不难理解当社区居民不满意社区工作的时候,他们对于社区的活动是一种什么心态,更多的是漠然,甚至抵制。因此提升社区服务方面工作的软件满意度也是摆在社区管理者面前的当务之急。其次是个人身份因素。性别因素对过渡型社区居民社区参与的影响总体上是较小的。对于社区参与总体评价值得回归系数并未达到显著。对具体因子的影响来看,实际参与状况的回归系数为0.088($p<0.05$),说明男性的实际社区参与水平更高。同时,对于社会参与意愿的影响也达到显著($p<0.1$),回归系数为-0.06,这表明,女性对于一般的社区活动如文体、社区服务等参与意愿比男性要高,只是由于照顾孩子、家务等原因而无法参加。

户籍所在地对社区参与综合评价值得回归系数为-0.082($p<0.05$),这表明本地户籍的失地农民比起社区中外地户籍的务工人员,其社区参与程度更高。同时,对于具体因子中政治参与意愿的影响也达到显著性($p<0.05$),回归系数为-0.122。从这两个结果中,我们发现户籍限制对于过渡型社区居民的社区参与是有较大影响的,本地居民的参与意愿和行为明显要高于外来人员。外来务工人员由于户籍限制,没有社区选举权,他们的政治表达在社区参与中无法满足,同时,他们只是把社区当成一个港口,一旦工作有变,房租上涨,他们就会选择或被迫离开社区,自然对社区的参与就严重不足了。因此户籍制度的羁绊对过渡型社区居民的社区参与带来极大的阻碍,取消户籍管理限制是一剂改善过渡型社区社区参与的良方。

从政治身份来看,它对社区参与综合评价值的影响未达显著。而在对各因子的影响中,对实际参与程度的回归系数为0.128($p<0.001$),对社区参与效能感的回归系数则为-0.062($p<0.1$),这反映了实施社区参与行为的主体主要是有党员身份的一些骨干人员,他们常常是社区活动的组织者、参与者,虽然主观意愿不一定强烈,但是由于社区服务人员的宣传和组织到位,而使其参与行为在程度上更高;而普通百姓则可能因为宣传组织动员不到位或自身觉悟不够,参与程度明显不足。因此,在改善社区参与的过程中,发挥积极行动者的影响,努力宣传组织动员到位,就能创造条件让更多百姓实际参与到社区活动中来。

文化程度对社区参与综合评价值的回归系数为0.157($p<0.001$),这表明随着文化程度的提高,居民将更多地参与到社区活动中。对于具体因子,对政治参与意愿的回归系数高达0.232($p<0.001$),是最有影响的因素,对社会参与意愿的回归系数为0.08($p<0.05$),这些也表明了提高过渡型社区居民的参与意愿不是一朝一夕的事,在过渡型社区中,文化程度仍以高中及以下程度为主(74.1%),随着时间的推移,受高等教育人口比例的增加,从长远来看,社区参与将会改善。

## 四、结论

社区建设是和谐社会的基石,和谐社区是社会管理体制运转有序的重要保证,社区参与是衡量社区建设质量的重要指标,通过对过渡型社区居民社区参与的研究,我们至少可以得到以下结论:

第一,与诸多城市街道社区调查反映出来的情况类似,过渡型社区居民的社区参与也呈现出复杂性的特征。高参与意愿和低参与行为并存,同时参与领域分布不平衡,文体娱乐活动多,民主自治活动少。由于单位制的消解,居民呈现原子化特征,虽然过渡型社区的很多居民(主要是失地农民)原来多同属一个自然村,但外来人口异质性稀释了这种格局。居民利益所属关系的不同,导致了社区参与行为、尤其是政治参与行为呈“不积极”状态。另外,政府包办社区,社会活动处于“临时”状态。总之,在社会转型过程中的过渡型社区,社区制度规范在一定程度上处于“失效”状态,社区功能尚未完善。与此同时,由于异质性流动人口的大量涌入,过渡型社区居民之间缺乏相互交往和频繁互动的社会网络,进而降低了该类社区的人际信任度。因此,过渡型社区的社会资本总体上是匮乏的,这也进一步降低了该类社区居民的社区参与意愿。

第二,加强公共设施的建设,增强居民对社区硬件的满意度。社区的硬件满意度对实际参与状况的显著影响表明,在过渡型社区这样的外地人口占了半边天的社区,首先需要通过提升居民对社区硬件设施的满意度,形成该类社区居民的社区归属感和社区自豪感。调查中,59.4%的居民表示不参加社区活动的主要原因是没时间,这表明“居民存在着参与共识的困境和利益选择的矛盾”,在该类社区与外部工作生活环境相对重要性的评价中,社区处于不利地位。社区管理者应当继续改善公共设施的供给质量,从而进一步改善该类人群的社区融入过程。

第三,打破户籍制度限制,赋予外来务工人员在地选举权。上述研究中,以流动人口为主体的外地户籍居民社区参与的其余因子与本地户口居民差异不大,只有政治活动参与意愿明显不足,这直指户籍制度的弊端。由于外地户口居民被剥夺了在地选举权，本地户籍居民和外来务工人员两大群体的相互“污名化”过程加剧，隔阂加深，其利益关联的反映是不全面的，这非常不利于和谐社区的构建。因此，取消户籍制度限制是大势所趋，否则社区功能的完善就始终存在无法逾越的制度性阻滞。

第四，提升社区居委会自治程度，加强社区服务人员责任心，提高社区活动宣传、组织和动员力度。社区的软件满意度对于实际的社区参与影响明显，且反映出参与者多为具有党员身份的骨干，在其他因素不变的情况下，提升社区服务人员的责任心，切实加强宣传和发动，组织好广大居民的社区参与活动，过渡型社区参与的状况在一定程度上必将有所改善。但问题在于，现在的社区居委会及社区服务站工作人员通常是“两块牌子，一套班子”，由于政府职能转变尚未完全到位，基层政府及职能部门仍有大量工作下沉到社区居委会和社区服务站，“上面千根线，下面一根针”，这就使得社区居委会的“行政化”趋向仍呈尾大不掉之势，社区工作人员的精力只够应付上级相关事宜，社区自治活动的缺失也是事出无奈。不过自十七大以来，党中央在社会管理机制创新问题上，一再倡导“实现政府行政管理与基层群众自治有效衔接和良性互动”，这就在大方向上为我们的社区管理体制创新指明了方向，在这一点上，太仓市近年来开展的“政社互动”实践，就为社区居委会的“去行政化”、真正实现其法律赋予的基层群众自治性组织进行了积极有益的探索。

（张晨：苏州大学政治与公共管理学院副教授；季程远：浙江大学公共管理学院硕士研究生）

# 新型城镇化与经济发展

# FDI集群化背景下本土企业的网络嵌入与创新绩效研究

张方华　左田园

【摘要】 随着经济全球化的不断深入,FDI在我国呈现集群化发展趋势。我国本土企业如何通过网络嵌入有效利用FDI的溢出效应提高自身的技术创新能力已成为理论界和实践界共同关注的议题。本文以FDI集群化发展为背景,以本土企业为研究对象,将网络嵌入、知识获取、吸收能力与创新绩效纳入统一的理论框架,深入研究网络嵌入影响创新绩效的作用机理。通过构建概念模型和实证分析后的研究结果表明,本土企业可以通过网络嵌入有效利用FDI集群化过程中的知识溢出效应来提高创新绩效,而企业自身的吸收能力在这一影响过程中起到调节作用。以此为基础,本文为本土企业如何通过网络嵌入获取FDI的知识资源、提高创新能力提供相应的对策建议。

【关键词】 FDI集群　网络嵌入　知识获取　吸收能力　创新绩效

【基金项目】 教育部人文社会科学规划基金项目——FDI集群化背景下本土企业的网络嵌入与知识获取研究(10YJA630202)的阶段成果。

## 一、研究背景

自改革开放以来,我国在吸引外商直接投资(FDI)方面取得了显著成绩。根据联合国贸易和发展组织发布的《2010—2012世界投资前景调查报告》对236家全球最大的跨国公司和116个国家的投资促进机构的调查表明:世界前15个最具吸引力的投资目的地中,中国位居第一,是跨国公司首选的投资目的地。这一方面是由于在我国的财政分权和GDP考核等特殊的经济政治制度之下,地方政府对引进外资有着强烈的偏好;另一方面是由于廉价的劳动力和庞大的国内市场对跨国公司有着巨大的吸引力,因此,越来越多的跨国公司选择在中国尤其是东部沿海地区建立生产基地,FDI的集聚导致产业集群的形成,推动了区域经济的快速发展。

对于网络嵌入对创新绩效的影响,国内外学者从不同角度进行了研究。Uzzi

提出的“关系嵌入性悖论”认为，并不是嵌入性越强，创新绩效就越高，嵌入性关系和创新绩效之间呈现倒“U”关系，嵌入性关系过强和过弱都会影响创新绩效。Rowely 和 Krachardt 的实证研究则表明，强网络嵌入性反而对企业创新绩效存在不利影响。任胜刚等基于网络结构嵌入理论，研究了网络结构不同维度对企业创新行为的影响，利用 331 份企业有效样本数据进行统计分析并对理论模型进行检验，实证研究结果表明：关系强度、网络位置和网络密度均对渐进式创新产生显著正向影响，而对突变式创新产生显著负向影响；网络异质性对渐进式创新产生显著负向影响，但对突变式创新产生显著正向影响。徐磊和向永胜以集群企业作为研究对象，将企业规模和网络客体对象的差异作为情景变量，通过实证分析发现，集群内外商业网络和技术网络的关系强度对集群内企业的创新绩效具有显著的影响。

进一步，相关学者就网络嵌入影响创新绩效的过程和机理进行了深入的研究。许冠南从组织学习的角度，通过理论分析和实证研究指出，网络嵌入通过影响企业的探索性学习进而影响创新绩效。刘雪锋从战略管理的角度分析了网络嵌入与创新绩效的关系，并得出网络嵌入影响企业战略制定进而影响创新绩效的研究结论。张方华构建了网络嵌入通过知识获取影响企业创新绩效的概念模型，指出企业通过对组织网络的关系型嵌入和结构型嵌入能有效提高外部知识的获取效应，从而对企业的创新绩效有显著的推动作用。黄汉涛从网络嵌入性的三个维度（信任、信息共享、共同解决问题），探讨了企业网络嵌入通过吸收能力的中介作用对技术创新绩效的影响机制。

随着 FDI 的快速发展，理论界开始对 FDI 对东道国企业创新能力的影响作用及机理展开研究。在全球制造网络中，本地企业网络嵌入性的信任、信息共享和共同解决问题三个维度的水平通过促进本地企业从国际旗舰企业获取更多的知识而改善企业的创新绩效。吴晓波等以 160 家与国际旗舰企业有制造合作行为的本地企业为样本，通过构建概念模型及实证研究后指出：本地企业吸收能力对知识获取及企业绩效有正向的影响，而网络嵌入性对获取外部知识的能力与本地企业知识获取的正相关关系具有调节作用，本地企业知识获取在吸收能力影响企业绩效的关系中起中介作用。Christina Hallin 等构建了创新接收者在跨国公司的外部网络中如何通过网络嵌入来获取创新知识影响经营绩效的关系模型，结合 224 个创新案例进行多元回归分析后指出，良好的网络嵌入能有效地提高企业的经营绩效。

综上所述，国内外学者采用不同的研究方法对网络嵌入与企业创新绩效之间的影响机制进行了有益的探索。企业通过网络嵌入能否提高创新绩效,取决于企业能否通过网络嵌入获取更多的知识。但是已有研究存在以下几个方面的问题:首先,以 FDI 集群化发展为背景,以本土企业为研究对象,深入研究本土企业如何通过对外资企业集群的网络嵌入来提高创新能力的研究还比较匮乏。其次,大部分的已有研究都证明了网络嵌入能影响企业的创新绩效,但就网络嵌入影响创新绩效的路径与机理则分析得较少。特别是把网络嵌入分为关系性嵌入和结构性嵌入,对不同的嵌入途径如何影响知识获取进而促进创新绩效的深入研究则更为缺乏。第三,已有研究往往只是单纯从网络嵌入视角研究对企业创新绩效的影响,忽略了企业自身内部能力(包括知识获取和吸收能力)在这一影响过程中的作用。实际上,企业获取的外部知识只有真正被企业消化、吸收和利用,才能有效提高创新绩效。在深入分析网络嵌入影响创新绩效的作用机理时,要加入对吸收能力这一因素的考量。因此,在借鉴已有研究的基础上,本文就 FDI 集群化背景下,本土企业如何嵌入到外资集群网络中去获取知识进而提高创新绩效提出以下概念模型,然后通过问卷调查和结构方程分析对相应的理论假设进行检验,并在此基础上为本土企业如何通过对外资企业的网络嵌入来提高创新能力提供相应的对策建议。

## 二、概念模型与理论假设

### (一) 概念模型

根据迈克尔·波特的观点,产业集群是指在某一特定领域内相互联系的、在地理位置上集中的公司和机构的集合,其中包括一批对竞争起重要作用、相互联系的企业和其他实体,例如,零部件、机器和服务等专业化投入的供应商与企业设施的供应商。集群还经常向下游延伸至渠道和客户,并从侧面扩展到互补产品的制造商以及与技能、技术或一般投入相关的产业公司,同时还包括专业化培训、教育、信息研究和技术支持的政府与其他机构,例如大学、标准制定机构、智囊团、职业培训者和贸易协会等。

伴随着全球经济的一体化,大量涌现的跨国公司开始在全球范围内选择最佳投资区域。发展中国家为了发展自身经济,往往对外商投资提供土地、税收等很多方面的优惠政策,再加上发展中国家廉价的劳动力和原材料等因素,吸引了很多跨国公司在发展中国家进行投资。而一旦跨国公司在东道国的某一领域取得成功,就会对其他同类型的外资企业起到示范作用。跨国公司控制着全球的生产和交换过程,在全世界寻找最佳的投资区位，并以FDI的形式，将某些低附加值环节转移到发展中国家生产，从而在东道国形成了以跨国公司子公司为主体的外资主导型产业集群（简称外资集群）。而这些地理位置临近的，由当地政府部门、相关企业（包括外资企业和本地厂商）、金融机构、科研院所、大学和中介结构等主体，及其相互联系所构成的综合体可以被称为外资主导型集群的产业集群网络。

随着FDI在我国集群化的发展，集群内的外资企业与本土企业或多或少会发生采购、营销、分包等业务联系，员工之间的流动也大大增加了他们之间联系与合作的机会。同时，外资企业与本土企业所构成的合作网络又嵌入更庞大的社会网络中，受社会、政治、经济、文化等一系列因素的影响。从网络嵌入视角研究本土企业与FDI集群的关系显得极为重要。同时，不仅企业外部联系对创新能力有影响，知识获取能力和吸收能力也会影响到企业的创新能力。

因此，在综合已有网络嵌入与创新绩效关系研究的基础上，借鉴Granovetter对网络嵌入的分类（将网络嵌入分为关系性嵌入和结构性嵌入两种类型）和Polanyi对知识的分类（将知识获取分为显性知识获取和隐性知识获取两种类型），本文有效整合网络嵌入理论、知识获取理论和吸收能力理论，构建出网络嵌入影响创新绩效的概念模型（如图1所示），并提出研究的主要观点：网络嵌入通过影响知识获取进而影响企业创新绩效，同时企业的知识吸收能力在这一过程中起到调节作用。基于这一概念模型，本文提出以下理论假设。

### （二）理论假设

#### 1. 网络嵌入与创新绩效之间关系的理论假设

21世纪是知识经济的时代，企业为克服经济全球化带来的巨大竞争压力，必须突破自身的边界嵌入集群网络中去获取外部知识，保持自身竞争力和提高创新绩效。Granovetter将嵌入分为关系性嵌入和结构性嵌入，并于1992年进一步界定和解释了关系性嵌入和结构性嵌入，还进一步指出，结构性嵌入通过网络的密度、企业在网络中的位置对企业的行为和创新绩效带来的影响。正如前文所言，Uzzi认为嵌入性关系和企业绩效呈现倒“U”分布，嵌入性关系过强反而会影响企业创新绩效；企业的网络联系越多，也就预示这个企业的战略决策和行动受到嵌入的网络结构的影响就越大，企业创新也就越会受到外部组织的影响。还有一些学者通过研究发现，网络嵌入性越强则创新绩效越好，网络嵌入性与创新绩效之间存在显著的正相关。企业通过建立战略联盟的形式，推动对上下游的供应商与客户的网络嵌入，从而促进创新绩效的提高。因此，综合已有文献，本文提出如下假设：

H1：FDI 集群化背景下，本土企业的网络嵌入和创新绩效之间存在直接正相关关系。

H1a：FDI 集群化背景下，本土企业的关系性嵌入和创新绩效直接正相关；

H1b：FDI 集群化背景下，本土企业的结构性嵌入和创新绩效直接正相关。

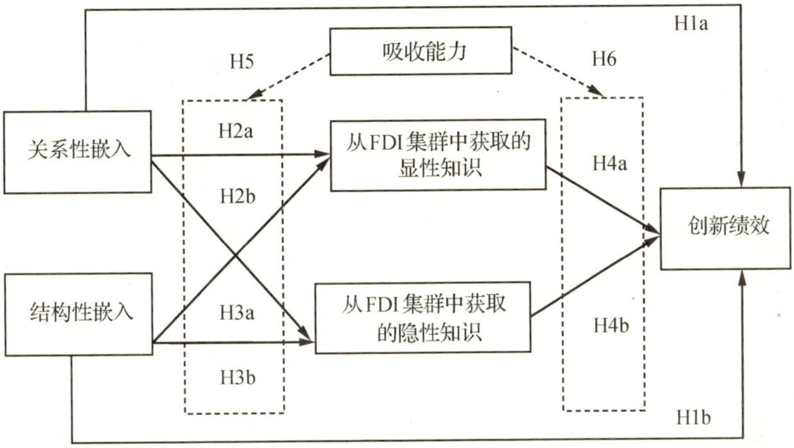


**图1　FDI 集群化背景下本土企业网络嵌入影响创新绩效的概念模型**

**2. 网络嵌入与知识获取之间关系的理论假设**

网络作为企业间社会联结的集合，为企业的知识获取提供了良好的平台。网络嵌入对知识获取具有促进作用，一个国家的核心企业可以通过对国外网络和国内网络的双边嵌入来提升该国的知识水平。关系性嵌入可以通过降低企业之间联系的不确定性促进相互间的知识交流与扩散；结构性嵌入通过与客户、供应商的互动降低知识尤其是隐性知识转移的难度，使得知识接受方更便捷地获取外部知识。与低质量的社会互动会导致低效甚至冲突相比，网络成员可以通过高频率和高质量的互动所产生的合作经历提高网络成员理解其他成员的能力，并加深这种以知识为基础的信任，同样，这种信任建立在足够的信息和相互理解的基础上，能更加有效地促进知识转移。因此，本研究借鉴 Granovetter 对网络嵌入的分类和 Polanyi 对知识的分类，提出如下假设：

H2：关系性嵌入与本土企业从 FDI 集群中获取的外部知识正相关。

H2a：本土企业的关系性嵌入与从 FDI 集群中获取的显性知识正相关；

H2b：本土企业的关系性嵌入与从 FDI 集群中获取的隐性知识正相关。

H3：结构性嵌入与本土企业从 FDI 集群中获取的外部知识正相关。

H3a：本土企业的结构性嵌入与从 FDI 集群中获取的显性知识正相关；

H3b：本土企业的结构性嵌入与从 FDI 集群中获取的隐性知识正相关。

**3. 知识获取与创新绩效之间关系的理论假设**

企业知识获取与创新绩效成正相关已经得到了很多学者的理论与实证研究支持。知识获取分为显性知识获取和隐性知识获取两种,对企业的研发与创新而言,不仅显性知识起着重要的基础与推动作用,而且隐性知识更是一个不可或缺的关键变量。在这个动态变化的环境下,知识获取以及以此为基础的组织学习对提高企业创新能力的作用越来越显著。也就是说,企业的创新活动越来越依赖于内部创造和外部获取的新知识的促进作用。企业的技术创新不仅需要内部积累新知识,而且需要从外部获取新的市场和技术知识。企业通过跨国公司各种外部网络关系获取创新需要的各种新知识,经过吸收、消化和转化,从而提高自身的创新能力。因此,本文提出如下假设:

H4:本土企业从 FDI 集群中获取的知识和企业的创新绩效正相关。

H4a:本土企业从 FDI 集群网络中获取的显性知识与企业创新绩效正相关;

H4b:本土企业从 FDI 集群网络中获取的隐性知识与企业创新绩效正相关。

**4. 吸收能力的调节作用关系及相关假设**

吸收能力是企业识别评价外部有价值的新知识,消化并应用于商业的能力,是一个包含知识获取、消化、转化和利用的复杂过程。企业的经营活动嵌入在各种社会网络的相互关系中,企业在一个"开放的系统"中通常需要通过交换知识而与外部环境进行交互作用。企业的吸收能力越高,其从外部网络获取的知识就越多,创新能力也就越提高。

很多学者的研究证明了企业在获取外部知识进而促进创新绩效提高的过程中,吸收能力起到了重要的作用。Cohen 和 Levinthal 最先指出,只有企业具备一定的吸收能力才能将外部知识转化为可应用的知识并促进创新,吸收能力对企业最重要的意义是提高了企业的创新能力和创新绩效。知识转移应该包括两部分:一部分转移给潜在接受者;另一部分是被接受的个人或团体加以吸收。如果知识未被接受者吸收,就不算是成功的知识转移。吸收能力在网络嵌入性影响企业绩效过程中起到了调节作用,其中潜在吸收能力影响本地企业从国际旗舰企业获取知识,现实吸收能力则影响本土企业的创新绩效。企业如果拥有较强的吸收能力,它就可以通过网络嵌入加强技术转移和提高知识获取的效果。因此,基于以上理论,本文提出如下假设:

H5:FDI 集群化背景下,企业知识吸收能力的高低对于网络嵌入与知识获取的关系具有调节作用。

H5a:FDI 集群化背景下,企业知识吸收能力的高低对于关系性嵌入与显性知识获取的关系具有调节作用；

H5b：FDI 集群化背景下，企业知识吸收能力的高低对于关系性嵌入与隐性知识获取的关系具有调节作用；

H5c：FDI 集群化背景下，企业知识吸收能力的高低对于结构性嵌入与显性知识获取的关系具有调节作用；

H5d：FDI 集群化背景下，企业知识吸收能力的高低对于结构性嵌入与隐性知识获取的关系具有调节作用。

H6：FDI 集群化背景下，企业知识吸收能力的高低对于知识获取与创新绩效之间的关系具有调节作用。

H6a：FDI 集群化背景下，企业知识吸收能力的高低对于显性知识获取与创新绩效之间的关系具有调节作用；

H6b：FDI 集群化背景下，企业知识吸收能力的高低对于隐性知识获取与创新绩效之间的关系具有调节作用。

## 三、数据与变量测度

### （一）样本与数据

本文采用问卷调查与企业访谈的方式收集数据。本研究的主体是 FDI 集群化发展背景下的本土企业。由于长三角地区是我国外向型经济发展的典型代表地区，经过 30 余年改革开放的发展，长三角地区凭借区位优势和经济实力成为了中国吸引 FDI 的核心区域，形成了大量的具有典型意义的 FDI 集群，其中包括上海外高桥保税区新兴产业集群、苏州昆山的自行车集群、苏州工业园区的纳米产业园和浙江嘉善木业集群等多个 FDI 产业集群。因此，本研究以这些地区的本土企业为调查对象，其中主要选取 IT 和信息产业、新材料产业、新能源产业、化工产业以及生物医药产业等高新技术产业为研究样本，通过对这些本土企业与外商直接投资企业的各种关系网络的联系与嵌入的研究而获取创新所需的显性与隐性知识，从而不断提高这些高新技术产业的创新能力。

本文的问卷发放主要采取现场发放和邮件发送的方式，问卷调查起止时间为 2011 年 9 月—2012 年 3 月。访谈对象或问卷被试者主要包括各企业负责研发的部门经理或高层经理，比例达到 84.5%，本科及以上学历占 89.4%。在正式发放问卷之前，我们请访谈对象接受了一个简短的初步访谈，通过对访谈的整理和问卷调查的几次修订，最终形成问卷调查的正式稿，在接下来的问卷调查中正式采用。本次调查共发放问卷380份,回收问卷298份,其中有效问卷267份,无效问卷31份,回收问卷中的有效比例为89.60%。按所调查企业的产权性质分:国有独资企业23份,民营企业190份,国有控股企业25份,国有参股企业7份,其他性质的企业22份,分别占有效问卷总数的8.61%、71.16%、9.36%、2.62%和8.24%;按所调查企业所属产业分:IT和信息产业51份,新材料产业6份,新能源产业17份,生物医药产业28份,化工产业19份,其他产业146份,分别占有效样本总数的19.10%、2.25%、6.37%、10.49%、7.12%和54.68%。为保证所获信息的有效性、可靠性和准确性,本研究的调查和问卷都需要由调查企业的中高层管理人员来填写。

（二）变量与测度

**1. 被解释变量:创新绩效**

一般从创新效益和创新效率两个方面对创新绩效进行测量,综合国内外学者对创新绩效的测度指标,本文以申请的专利数量、新产品产值占销售总额的比重、新产品的开发速度和新产品的成功率等四个分指标来度量本土企业的创新绩效。

**2. 解释变量:关系性嵌入与结构性嵌入**

关系性嵌入描述了知识获取方与溢出方之间的直接关系。在借鉴已有文献的基础上,本文采用联系的频率、联系的持久度以及双方的信任度等三个指标来衡量关系性嵌入;采用网络的密度、网络的规模和网络位置的中心性等三个方面测度结构性嵌入。

**3. 中介变量:知识获取**

本文借鉴于伟等和张方华对显性知识与隐性知识获取设计的量表,用以下几个分指标来衡量本土企业从外资企业的显性知识获取和隐性知识获取。其中,显性知识获取主要包括:本公司从外资公司学到的规章制度方面的知识、本公司从外资公司学到的工艺流程方面的知识和本公司从外资公司学到的市场需求方面的知识等三个方面;隐性知识获取主要包括:本公司从外资公司学到的新技术突破方面的诀窍、本公司从外资公司学到的营销管理方面的诀窍和本公司从外资公司学到的创新管理方面的知识等三个方面。

**4. 调节变量:吸收能力**

借鉴Cohen & Levintha和Lane等对吸收能力包括识别评价、消化和应用三个维度的划分,本文分别设置了3个题项来考量本土企业的吸收能力:①对于识别评价能力,用本企业能否快速从新出现的外部知识中获取对公司有用的机会这个题项进行了测度;②对于消化能力,用本企业是否持续不断地考虑如何更好地利用知识这个题项进行了测度;③对于应用能力,用本企业对于开发新产品和服务并将其商业化的能力是否很强这个题项进行了测度。

## 四、实证结果分析

本文利用统计分析软件 SPSS 17.0 对调查问卷收集来的数据依次进行描述统计分析、信度和效度检验,并根据本文的概念模型利用结构方程软件 AMOS 19.0 对上述数据进行路径分析。量表采用李克特 7 级度量方法,针对不同的题项根据样本企业的实际情况分别从 1 至 7 选择打分。例如,1 分表示极差或极不满意,2 分表示不好或不满意,……依次类推。

### (一) 变量描述性统计

本文用 $GX_1$、$GX_2$、$GX_3$ 分别指代关系性嵌入的 3 个度量指标:联系的频率、联系的持久度和双方的信任度;$JG_1$、$JG_2$、$JG_3$ 分别代表结构性嵌入的 3 个度量指标:网络的密度、网络的规模和网络的中心性;$XX_1$、$XX_2$、$XX_3$ 分别指代显性知识获取的 3 个度量指标:规章制度方面知识的获取、工艺流程方面知识的获取和市场需求方面的知识获取;$YX_1$、$YX_2$、$YX_3$ 分别指代隐性知识获取方面的 3 个度量指标:新技术突破方面的诀窍获取、营销管理方面的诀窍获取和创新管理方面的知识获取;$XS_1$、$XS_2$、$XS_3$ 分别指代吸收能力方面的 3 个指标:知识的识别评价、知识的消化、知识的应用;$JX_1$、$JX_2$、$JX_3$、$JX_4$ 分别指代企业创新绩效方面的4 个度量指标:申请的专利数量、新产品产值占销售总额的比重、新产品的开发速度以及新产品的成功率。各变量的具体描述性统计如表 1 所示。

**表 1　各变量的描述性统计**

| 潜变量 | | 变量度量 | 变量代号 | N | 均值 | 标准差 | 方差 |
|---|---|---|---|---|---|---|---|
| 网络嵌入性 | 关系性嵌入(RE) | 联系的频率 | $GX_1$ | 267 | 4.83 | 1.137 | 1.294 |
| | | 联系的持久度 | $GX_2$ | 267 | 4.84 | 1.228 | 1.509 |
| | | 双方的信任度 | $GX_3$ | 267 | 5.03 | 1.212 | 1.469 |
| | 结构性嵌入(SE) | 网络的密度 | $JG_1$ | 267 | 5.04 | 1.365 | 1.863 |
| | | 网络的规模 | $JG_2$ | 267 | 4.81 | 1.452 | 2.108 |
| | | 网络位置的中心性 | $JG_3$ | 267 | 4.82 | 1.505 | 2.266 |

续表

| 潜变量 | | 变量度量 | 变量代号 | N | 均值 | 标准差 | 方差 |
|---|---|---|---|---|---|---|---|
| 知识获取能力 | 显性知识获取（EA） | 规章制度方面的知识 | $XX_1$ | 267 | 5.12 | 1.206 | 1.199 |
| | | 工艺流程方面的知识 | $XX_2$ | 267 | 5.13 | 1.213 | 1.436 |
| | | 市场需求方面的知识 | $XX_3$ | 267 | 5.21 | 1.131 | 1.518 |
| | 隐性知识获取（TA） | 新技术突破方面的诀窍 | $YX_1$ | 267 | 4.94 | 1.095 | 1.455 |
| | | 营销管理方面的诀窍 | $YX_2$ | 267 | 5.01 | 1.198 | 1.472 |
| | | 创新管理方面的知识 | $YX_3$ | 267 | 5.06 | 1.232 | 1.279 |
| 吸收能力 | 吸收能力（AC） | 知识的识别评价 | $XS_1$ | 267 | 5.17 | 1.183 | 1.399 |
| | | 知识的消化 | $XS_2$ | 267 | 5.39 | 1.143 | 1.306 |
| | | 知识的应用 | $XS_3$ | 267 | 5.14 | 1.091 | 1.19 |
| 企业创新绩效 | 创新绩效（IP） | 申请的专利数量 | $JX_1$ | 267 | 5.00 | 1.004 | 1.008 |
| | | 新产品产值占销售总额的比重 | $JX_2$ | 267 | 4.93 | 1.1 | 1.209 |
| | | 新产品的开发速度 | $JX_3$ | 267 | 5.15 | 1.106 | 1.223 |
| | | 新产品的成功率 | $JX_4$ | 267 | 5.02 | 1.071 | 1.147 |

### （二）信度和效度检验

信度测试一般用 Cronbach's α 系数来检验项目的内部一致性，通常采用 Cronbach's α 系数最小为 0.7 的标准。从表 2 可以看出，各变量的 Cronbach's α 系数均满足大于 0.7 的标准，样本的信度通过了内部一致性检验。

效度检验是指通过内容效度的检验。按照一般经验，当 KMO（Kaiser-Meyer-Olkin）的值≥0.5，巴特莱特（Bartlett）统计值≤α，并且各测试题项的载荷系数大于 0.5 时，可以通过因子分析将同一变量的各项测试题项合并为一个因子进行后续研究。从表 3 可以看出：各变量的 KMO 值均大于 0.5，Bartlett 显著性概率均为 0.000，因子载荷系数都大于 0.5，且累计方差解释率的比例都大于 50%。表明关系性嵌入、结构性嵌入、显性知识获取、隐性知识获取、吸收能力、企业创新绩效的测度量表的效度检验都符合统计要求（如表 2 所示）。

表 2　各变量的效度检验测试结果

| 潜变量 | 变量度量 | 因子载荷系数 | 主成分方差贡献率（%） | KMO 值 | 显著性水平 | Cronbach's α |
|---|---|---|---|---|---|---|
| 关系性嵌入 | 联系的频率 | 0.934 | 70.96 | 0.706 | 0.000 | 0.795 |
| | 联系的持久度 | 0.918 | | | | |
| | 双方的信任度 | 0.925 | | | | |
| 结构性嵌入 | 网络密度 | 0.928 | 75.05 | 0.682 | 0.000 | 0.833 |
| | 网络规模 | 0.862 | | | | |
| | 网络的中心性 | 0.919 | | | | |
| 显性知识获取 | 规章制度方面的知识 | 0.953 | 67.16 | 0.675 | 0.000 | 0.753 |
| | 工艺流程方面的知识 | 0.941 | | | | |
| | 市场需求方面的知识 | 0.924 | | | | |
| 隐性知识获取 | 新技术突破方面的诀窍 | 0.962 | 63.48 | 0.667 | 0.000 | 0.712 |
| | 营销管理方面的诀窍 | 0.944 | | | | |
| | 创新管理方面的知识 | 0.951 | | | | |
| 知识吸收能力 | 识别评价 | 0.883 | 78.41 | 0.733 | 0.000 | 0.862 |
| | 知识消化 | 0.904 | | | | |
| | 知识应用 | 0.883 | | | | |
| 创新绩效 | 申请的专利数量 | 0.941 | 58.24 | 0.773 | 0.000 | 0.760 |
| | 新产品产值占销售总额的比重 | 0.671 | | | | |
| | 新产品的开发速度 | 0.909 | | | | |
| | 新产品的成功率 | 0.959 | | | | |

（三）假设检验

本文首先采用 AMOS 19.0 软件检验知识获取是否在网络嵌入与创新绩效之间起到中介作用，具体数据：拟合优度卡方检验（$x^2$）=160.349，自由度（df）=94，$x^2$/df=1.71，适配度指数（GFI）=0.935，标准拟合指数（NFI）=0.907，非正态拟合指数（TLI，NNFI）=0.947，比较拟合指数（CFI）=0.959，渐进残差均方和平方根（RMESA）=0.052，其中各项拟合指数均在参考值以内，达到了统计显著性要求，并符合结构模型的拟合要求，因此本文的模型与数据拟合良好，模型可以接受。

**表3　整体模型结构方程中的路径系数及假设检验**

| 相关假设 | 作用路径 | 标准化路径系数 | 路径系数 | S. E. | C. R. | P | 假设结果 |
|---|---|---|---|---|---|---|---|
| H1a | 关系性嵌入→企业创新绩效 | 0.052 | 0.036 | 0.085 | 0.425 | 0.671 | 不支持 |
| H1b | 结构性嵌入→企业创新绩效 | 0.174 | 0.097 | 0.083 | 1.176 | 0.240 | 不支持 |
| H2a | 关系性嵌入→显性知识获取 | 0.190* | 0.163 | 0.094 | 1.734 | 0.083 | 支持 |
| H2b | 关系性嵌入→隐性知识获取 | 0.297** | 0.210 | 0.080 | 2.632 | 0.008 | 支持 |
| H3a | 结构性嵌入→显性知识获取 | 0.530** | 0.361 | 0.079 | 4.601 | 0.000 | 支持 |
| H3b | 结构性嵌入→隐性知识获取 | 0.508** | 0.286 | 0.066 | 4.347 | 0.000 | 支持 |
| H4a | 显性知识获取→创新绩效 | 0.366** | 0.298 | 0.094 | 3.176 | 0.001 | 支持 |
| H4b | 隐性知识获取→创新绩效 | 0.091 | 0.090 | 0.130 | 0.692 | 0.489 | 不支持 |

注：* 表示 $p<0.1$；** 表示 $p<0.01$（双侧检验）。

关系性嵌入、结构性嵌入、显性知识获取、隐性知识获取和企业技术创新绩效之间的模型拟合结果如表3所示。其中，路径系数的显著水平在0.05以下为显著，假设成立；路径系数显著水平在0.05到0.1之间的为弱显著；路径系数显著水平大于0.1的为不显著，拒绝原假设。因此，在本研究假设中，隐性知识获取、关系性嵌入和结构性嵌入能直接促进企业创新绩效的三个假设没有获得通过。本文的整体模型标准化路径系数图如图2所示。

（四）吸收能力的调节作用与假设检验

在研究吸收能力能否对网络嵌入影响知识获取进而促进创新绩效的过程起到调节作用，本文参考温忠麟、侯杰泰和张雷以及王立生的研究方法，采用以下三个步骤来进行研究：第一步，根据企业吸收能力的高低，通过聚类分析将收集到的样本分为两组；第二步，分别估算出两组中网络嵌入、知识获取、创新绩效与吸收能力之间的路径系数；第三步，比较两组不同系数之间的大小，并判断吸收能力对网络嵌入、知识获取与创新绩效之间的影响作用。

第一步，企业高低吸收能力的聚类。本文通过SPSS 17.0中聚类分析的快速聚类法，依据企业吸收能力的三个指标，对267个样本进行分类。在操作中定义为两类，样本标识为企业名称，并不指定聚类中心，聚类分析的结果如下：第一类样本企业72个，为低吸收能力组，占样本总数的比例为26.97%；第二类样本企业195个，为高吸收能力组，占样本总数的比例为73.03%。

第二步，高低组企业吸收能力的模型验证。本文通过AMOS 19.0，将上述通过聚类分析进行分组后的两组数据分别代入本文的概念模型进行拟合运算，高吸

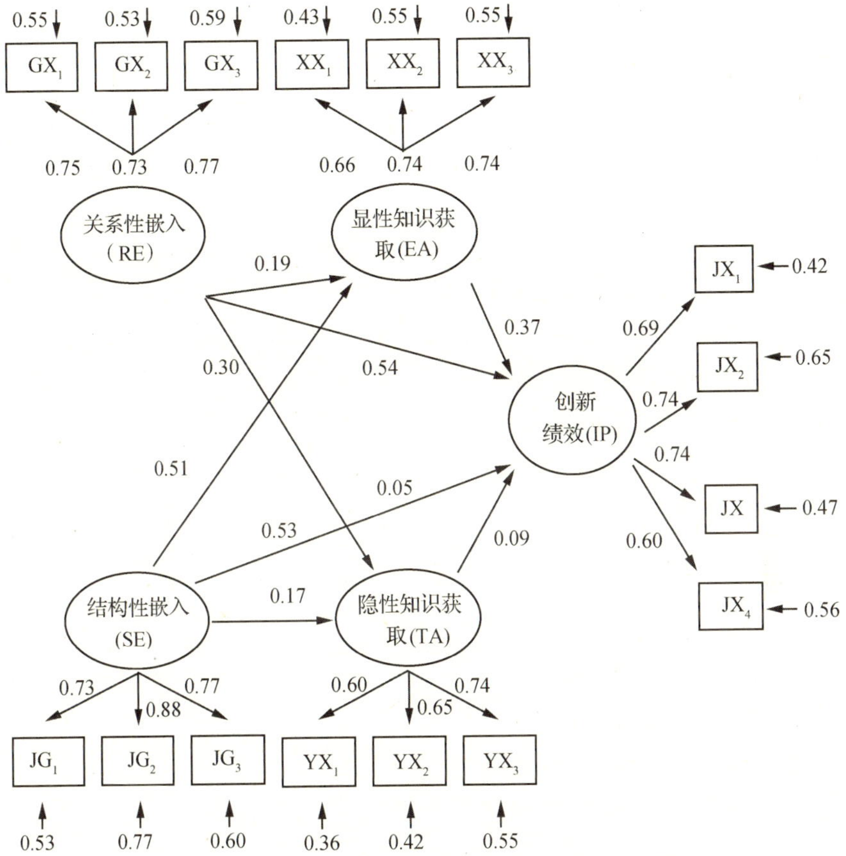


**图 2　整体模型标准化路径系数**

收能力组的各项指标如下：适配度指数（GFI）为 0.908，标准拟合指数（NFI）为 0.859，非正态拟合指数（TLI，NNFI）为 0.899，比较拟合指数（CFI）为 0.925，渐进残差均方和平方根 RMESA 为 0.069，各项拟合指数均在参考值以内，达到统计显著性要求。低吸收能力组的各项指标如下：适配度指数（GFI）为 0.842，标准拟合指数（NFI）为 00751，非正态拟合指数（TLI，NNFI）为 0.904，比较拟合指数（CFI）为 0.929，渐进残差均方和平方根 RMESA 为 0.061。各项拟合指数基本达到统计显著性要求，但所有路径分析均没有通过显著性检验，因此，对低吸收能力的企业而言，以上所有假设均不成立。

第三步，高低组模型之间的路径系数的差异比较。本文借鉴王立生（2007）的观点，对具有相同结构的不同样本之间路径系数进行比较，如果不同样本之间的路径系数一个显著、一个不显著，则可直接比较和判断。由上文的分析可以看出，在高吸收能力组,各假设中,H2b、H3a、H3b、H4a 路径系数显著且通过验证。而在低吸收能力组,各假设中,H2b、H3a、H3b、H4a 路径系数不显著,没有通过验证。因此,可以得出吸收能力对于 H2b(关系性嵌入→隐性知识获取)、H3a(结构性嵌入→显性知识获取)、H3b(结构性嵌入→隐性知识获取)、H4a(显性知识获取→企业创新绩效)起到了调节作用。

总之,假设 H5a、H5b、H5c、H5d、H6a 和 H6b 中,H5b、H5c、H5d 和 H6a 获得验证通过(表 4)。表明企业的吸收能力越高,企业通过关系性嵌入获取的隐性知识就越多,通过结构性嵌入获取的显性知识和隐性知识也就越多。H5a 没有获得验证通过,是因为高吸收能力企业在规章制度、工艺流程、岗位设计等方面比较成熟,在与外资企业进行日常联系的关系性嵌入时,把更多的精力放在获取外资企业中的企业文化、管理经验、技术诀窍等能够提高自身竞争力的隐性知识上,因而使得企业吸收能力在关系性嵌入与显性知识获取之间不存在调节作用。H6b 没有通过验证,表明企业的吸收能力对隐性知识获取促进创新绩效之间不起到调节作用。

**表 4 吸收能力的调节作用的假设及验证结果**

| 相关假设 | 假设内容 | 假设结果 |
|---|---|---|
| H5a | 知识吸收能力的高低对于关系性嵌入与显性知识获取的关系具有调节作用 | 不支持 |
| H5b | 知识吸收能力的高低对于关系性嵌入与隐性知识获取的关系具有调节作用 | 支持 |
| H5c | 知识吸收能力的高低对于结构性嵌入与显性知识获取的关系具有调节作用 | 支持 |
| H5d | 知识吸收能力的高低对于结构性嵌入与隐性知识获取的关系具有调节作用 | 支持 |
| H6a | 知识吸收能力的高低对于显性知识获取与创新绩效之间的关系具有调节作用 | 支持 |
| H6b | 知识吸收能力的高低对于隐性知识获取与创新绩效之间的关系具有调节作用 | 不支持 |

(五) 结果讨论

通过以上分析可知,在本文提出的 20 个假设中,H1、H1a、H1b、H4b、H5a 和 H6b 这 6 个假设没有获得通过,其余 14 个假设均得到验证,模型拟合良好。具体讨论如下:

**1. 概念模型的结果讨论**

上述模型的结果显示,H1a(路径系数为 0.052,$p=0.671$)和 H1b(路径系数为0.175，$p=0.24$）没有通过验证。表明企业的关系性嵌入和结构性嵌入并不能直接地促进企业的创新绩效，而是起到简单的推动作用。也就是说，本土企业通过关系性嵌入和结构性嵌入主动嵌入到FDI的各种社会网络时只有获取了对企业有用的知识并加以消化利用，才能促进自身创新绩效的提高。

假设H2a（路径系数为0.190，$p=0.083$），H2b（路径系数为0.297，$p=0.008$）通过了验证。表明本土企业的关系性嵌入能够促进显性知识和隐性知识的获取。因而本土企业要通过加强与外资合作伙伴（供应商、中间商、客户、同行、相关金融机构、行业协会、中介服务咨询等机构中的外资企业）的合作交流频率、合作交流的时间、相互间的信任度，才能有效地促进企业从FDI集群中获取更多的创新所需的新知识。

假设H3a（路径系数为0.530，$p=0.000$）与假设H3b（路径系数为0.508，$p=0.000$）通过了验证。也就是说，本土企业的结构性嵌入也能够有效地促进企业获得各种显性知识和隐性知识。同时，结构性嵌入对显性知识获取的促进作用要大于对隐性知识获取的促进作用，同样表明企业通过结构性嵌入更容易获取显性知识。这是由于隐性知识指无法直接用语言表示出来的知识，它与个人的直觉、技能、观念、洞察力和经验等联系在一起。隐性知识与显性知识相比，比较难以表达和转移。

假设H4a（路径系数为0.366，$p=0.001$）通过了模型的验证，表明企业获取的显性知识能有效地促进本土企业的创新绩效。而假设H4b（路径系数为0.091，$p=0.489$）没有通过验证，也就是说本土企业获取的隐性知识并不能够直接促进自身的创新绩效。通常，知识转移中的隐性知识对企业创新绩效的提高意义更大，但是根据本文的研究显示，隐性知识获取和企业创新绩效之间不存在直接促进关系。这是因为，企业获取的隐性知识只有真正被企业消化利用转化为自身的知识，才能促进企业竞争能力的提高。由于隐性知识的“隐性”和“黏着性”的特点，即使企业通过关系性嵌入和结构性嵌入获取了相关的隐性知识，也只有企业具备相应的吸收能力，通过“干中学”或“用中学”才能有效利用获取的隐性知识，促进企业创新绩效的提高。知识转移中的关键就是隐性知识的转移，我国大部分的本土企业在知识转移的过程中，忽略了对隐性知识的深刻认识和有效转化，造成了本土企业在知识引进过程中未能真正做到消化和利用，因而不能有效促进创新绩效的提高。同时，由于企业的隐性知识作为企业的长期竞争力，较难模仿和获取，而外商投资企业也会加强相关隐性知识的保护力度。我国本土企业更侧重于显性知识管理，对隐性知识的管理缺乏一套成熟的制度安排，这在很大程度上造成了本土企业知识水平和创新能力的落后。

从上述结论可以看出，本土企业通过对FDI集群的关系性嵌入和结构性嵌入以影响企业的显性知识获取进而影响企业的创新绩效。

**2. 吸收能力的调节作用**

假设H6a获得通过，表明吸收能力越高，本土企业的创新绩效越高。这是因为，吸收能力包含知识的消化和应用能力，只有当企业具备相应的消化和应用能力时，本土企业从FDI集群中获取的显性知识才能促进自身的创新绩效。假设H6b没有通过验证，表明企业的吸收能力对隐性知识获取促进创新绩效之间未起到调节作用。这是因为在技术转移的实际过程中，技术提供者出于竞争的考虑，一般转让的是二流技术或者有意保守技术秘密（通常是隐性知识），即使在向需求方转让技术时，也常常“留一手”，为隐性技术知识的转化造成了主观障碍。所以在这种情况下，即使企业具备较强的吸收能力，仍然不能通过获取的隐性知识促进创新绩效。针对上述问题，企业要想克服隐性知识转移的障碍，最有效的措施是“嫁接”掌握隐性知识的技术提供方的研发人员（他们作为隐性知识的载体，体会了隐性知识的产生过程并且隐性知识根植于他们头脑之中），具体措施是：由技术提供方派研发人员到技术采用方处现场指导或由技术采用方外派研发人员到技术提供方处现场学习（即合作研发）。

## 五、研究结论与对策建议

### （一）研究结论

在网络竞争时代，本土企业需要借助更多的外部力量，获取企业所需的知识以保持其竞争力。在FDI集群化背景中的本土企业需要借助外部网络，不断更新自身的知识来提高创新能力。在这一过程中，企业的自身能力如吸收能力也起到非常重要的作用。企业具备较强的吸收能力能增加企业从外部获取的知识，并加强知识获取向创新绩效的转化。本文在结合国内外文献的基础上，构建了企业的网络嵌入通过知识获取影响创新绩效，并且企业的吸收能力在这一过程中起到调节作用的概念模型。同时，本文将网络嵌入分为关系性嵌入和结构性嵌入两个维度，知识获取分为显性知识获取和隐性知识获取两个维度的角度，以长三角地区267家本土企业为调查样本，对上述概念模型进行了假设检验。本文的研究结论有如下几点：

第一，本土企业在加强提高自身研发实力和创新能力的同时，应该主动嵌入

FDI 集群中的外资网络中获取对自身创新能力有用的外部知识，有效整合内外部的创新知识。以往的研究较多关注 FDI 集群中溢出的知识能否促进企业创新绩效的提高，这对于企业创新绩效的提高是一种被动的认知。本研究发现，FDI 的集群发展为本土企业有效利用外商投资企业的知识溢出提供了良好的外部渠道与机会，本土企业可以通过关系性嵌入和结构性嵌入，加强与外商投资企业的网络互动，主动嵌入外商投资企业的产业或价值网络中获取知识进而促进创新绩效的提高。

第二，通过构建模型与理论假设的检验，本研究发现，本土企业的知识获取能力在网络嵌入与创新绩效的关系之间起到部分中介作用。实证研究表明，本土企业网络嵌入的两个维度（关系性嵌入和结构性嵌入）对创新绩效并不存在直接的影响作用，而是需要知识获取这一中介变量的影响来推动企业创新能力的提高。关系性嵌入和结构性嵌入需要通过影响企业的显性知识获取才能促进企业创新绩效的提高。同时，关系性嵌入和结构性嵌入能够促进企业隐性知识的获取，但由于本土企业缺乏转化和应用的能力，因而获取的隐性知识难以有效地将隐性知识转化为企业自身的知识从而促进企业创新绩效的提高。

第三，本土企业的吸收能力对网络嵌入通过知识获取进而提高创新绩效的过程起到部分调节作用。本研究表明，从外部获取的知识能否转化为自身改善创新能力的有利因素在很大程度上取决于本土企业的吸收能力。良好的吸收能力能够促进本土企业通过网络嵌入从外商投资企业的集群中获取更多的显性知识和隐性知识，并促进企业的显性知识向企业创新绩效的转化。本研究的实证分析还发现，本土企业的吸收能力对隐性知识向创新绩效的影响过程缺乏促进作用。分析其中的原因后发现，一方面可能是由于隐性知识的“黏着性”特点而难以在不同的组织间自由扩散和流动；另一方面可能是由于外资企业对其隐性知识的保护和设置的壁垒，本土企业获取的隐性知识很可能是二流的技术，因而即使企业具备较强的吸收能力，也难以通过获取外商直接投资企业的隐性知识来促进创新绩效的提高。

### （二）对策建议

第一，要加强本土企业对 FDI 集群网络的关系性嵌入和结构性嵌入。本文的研究结论表明，本土企业能够通过关系性嵌入和结构性嵌入而嵌入外资集群网络中进而促进自身创新绩效的提高。本土企业可以通过增强与外资集群中外资合作伙伴（包括供应商、中间商、客户、同行、相关金融机构、行业协会、中介服务机构等）的联系频率、联系密度、交流合作等机会的方式来建立各种关系网络，从而深化本土企业的关系嵌入性和结构嵌入性，促进企业创新绩效的提高。

第二，不断增强本土企业的吸收能力和知识获取能力。本文的研究结论表明，具备高吸收能力的本土企业更能从外部网络中获取更多有用的知识，并将其有效地转化为推动自身创新绩效的有利因素。因此，本土企业一方面要通过各种方式来提高自身的吸收能力，例如增加科技投入，培育创新人才队伍，与高校、科研机构建产学研研发模式等来培育和提升自身的吸收能力；另一方面还要通过各种渠道对FDI集群中的外商投资企业的网络嵌入来获取更多的创新知识，通过内外部知识的有效整合来促进创新绩效的改善。

第三，建立并完善本土企业隐性知识转化为创新绩效的机制。本研究结论表明，本土企业从FDI集群中获取的隐性知识由于缺乏消化利用机制，因而不能促进自身绩效的提高。企业中的隐性知识一般是未经编码的知识，而正是这部分知识构成了企业的核心竞争能力。本土企业仅仅从FDI集群中获取隐性知识，如果不对其进行有效的整合和利用，并不能促进自身能力的提高。由于隐性知识是导致企业核心竞争力提高的关键因素，因而本土企业通过加强与外资企业的合作研发、增加先验知识的存量与内涵、加大研发投入、加强学习强度与提炼总结有效的学习方法、发展学习型组织等方式克服隐性知识转移的障碍，使隐性知识向创新成果转化。

（三）研究局限性及展望

本文对FDI集群化背景下本土企业网络嵌入如何影响企业创新绩效进行了研究，具有一定的理论和现实意义。但由于研究样本和研究范围的局限性，本文仍存在一定的不足之处。首先，不同行业和规模的企业对FDI集群的嵌入机制可能存在不同，本文由于样本数目限制，未进行区分。其次，在网络嵌入、知识获取、吸收能力和创新绩效之间的相互影响作用，可能存在其他的路径，本文未进行进一步分析。隐性知识向企业创新绩效的转化是一个复杂的过程，中间可能涉及其他变量，本文未加以考虑。同时，由于吸收能力是一个包含知识识别评价、知识消化、知识应用的复杂过程，本文未对其吸收能力的各个阶段对网络嵌入通过知识获取影响创新绩效的过程中的作用机制进行研究，这也有待于未来进一步的研究和探索。

（张方华：苏州大学中国特色城镇化中心副主任、苏州大学商学院教授；左田园：苏州大学商学院硕士研究生）

# 产业结构、技术创新与碳排放实证研究
## ——基于我国东部15个省(市)面板数据

韩 坚 盛培宏

**【摘要】** 全球极端气候频繁出现造成的生态、环境影响以及中国经济快速工业化过程中GDP能耗居高不下导致的沉重资源与环境代价,解决这些问题的关键办法是积极倡导发展绿色低碳经济,减少温室气体排放。本文运用回归分析方法对我国东部地区15个省(市)2000—2010年的面板数据进行实证研究,分析碳排放强度、碳排放总量与产业结构、技术创新之间的关系,并通过引入不同的控制变量,分别进行混合模型、固定效应模型、随机效应模型的比较并进行稳健性研究。研究结果显示,第二产业增加值比重与碳排放强度和碳排放总量均呈正相关关系;第三产业比重对碳排放强度无显著影响,但与碳排放总量呈显著正的相关关系;技术创新效率与碳排放强度和碳排放总量均呈显著负相关关系;基于此实证结果,最后提出优化产业结构、提升技术创新效率的对策建议。

**【关键词】** 碳排放 产业结构 技术创新

**【基金项目】** 中国博士后科研基金(资助编号:2012M511311);苏州大学“211”工程项目。

## 一、引言

1997年联合国“气候框架公约”第三次缔约方大会上通过的《京都议定书》针对全球气候变暖问题制定了主要工业国的碳减排标准,2003年英国在其《能源白皮书》中首次提出“低碳经济”的概念。至此碳排放成为各国经济发展、能源利用、气候变化之间的博弈对象,同时各国在不同程度上也采取实际行动以应对全球气候变暖问题。在国内,能源短缺、环境污染等问题已不能适应高耗能、高污染、低附加值的增长方式。因此发展低碳经济将全方位改造建立在化工能源基础上的现代工业文明,转向生态经济和生态文明。同时,中国作为负责任的发展中大国,面对国际大环境的压力,在2009年哥本哈根气候大会上作出承诺,2020年二氧化碳排放强度将比2005年降低40%～45%。因此探讨中国碳排放的影响因素,找到实现减排的路径与对策对我国兑现承诺、树立大国形象和应对气候问题至关重要。

## 二、文献综述

国内外学者通过各种计量模型对碳排放影响因素做了分析，其中以对经济增长对碳排放影响的研究最为深入和全面。最典型的是 Grossmann 和 Krueger（1991）提出的环境倒 U 型曲线，他们发现当经济发展水平较低时，经济增长与二氧化碳排放量呈正相关关系，而当经济发展到一定程度以后则呈负相关关系，呈现环境库兹涅茨倒 U 型规律。另外，较早的如 Douglas Holtz-Eakin 和 Thomas M. Selden（1995）通过面板数据回归，得出经济增长会使得边际碳排放减少的结论。国内也有学者研究经济增长与碳排放之间的关系，张雷（2003）、郑长德（2011）、郭朝先（2012）等通过不同的模型研究表明我国经济增长是碳排放（能源消费）增加的主要因素，虞义华（2011）发现碳强度同人均 GDP 呈 N 型关系。另外也有学者研究能源结构与碳排放之间关系，但多以某个省（市）的"双结构"（产业结构和能源结构）为研究对象，比如帅通（2009）、吴彼爱（2010）分别研究上海市、河南省的"双结构"对碳排放的影响，发现能源结构是影响碳排放的重要因素，要实现低碳发展，尤其要降低煤类能源的比重。

在研究产业结构与碳排放关系方面，Chebbi（2011）基于不同产业对突尼斯 34 年的二氧化碳排放量、国内实际工业总产值、能源消耗量的时间序列数据进行脉冲分析，发现在不同产业，经济增长和环境污染之间的关系不同，所以减排政策应与具体产业挂钩。国内学者刘再起、陈春（2011）通过对美、日、德、法、英、俄、中 7 国的面板数据进行 SUR 回归，发现几乎所有产业都会增加碳排放。吴振信（2012）在环境库茨涅茨曲线的基础上，加入结构调整因素，建立个体固定效应模型，研究表明第二产业比重和碳排放成正比，且第二产业比重每下降 1%，可使得人均碳排放量下降 0.3217%。虞义华（2011）利用我国 29 省（市）的面板数据，构建 FGLS 模型，发现第二产业同碳强度有正相关关系，认为只有改变产业结构才有望实现 2020 年减排目标。郑长德（2011）通过对我国 30 个省份 9 年的数据进行面板回归，发现第二产业对碳排放影响较大，第一、三产业影响较小。张雷（2003）采用产业—能源关联和能源—碳排放关联两个基本模型研究表明产业结构越多元化，能源消耗增长越慢。郭朝先（2012）采用 LMDI 分解法，对我国 1996—2009 年碳排放进行分解，得出能源结构、产业结构均是碳排放增加的因素，说明双结构的"高碳化"趋势。

在技术创新方面,大多文献研究的是技术进步与能耗之间的关系。Garbaccio(1999)通过投入—产出分析法发现技术创新是中国单位国民生产总值能耗降低的主要原因。Carrion-Flores通过对5年127个制造业数据进行面板回归,发现创新和有害气体之间有双向因果关系。国内学者李廉水(2006)采用非参数的DEA-Malmquist生产率方法,发现技术效率是工业部门能源效率提高的主要原因。齐志新(2006)采用拉氏因素分解法得出技术进步是我国能源效率提高的决定因素。刘凤朝(2008)建立了技术创新、产业结构调整对能源消费影响的计量模型,实证结果表明基于技术创新的产业结构升级、优化和经济增长方式转变,是经济增长和能源消费脱钩的重要途径。关于直接研究技术创新与碳排放之间关系的文献不多,主要有李凯杰(2012)运用向量误差模型检验技术进步和中国碳排放的关系,研究表明技术进步与碳排放之间存在长期均衡关系,短期内则无影响。李博(2012)通过利用空间计量模型,发现地区人均碳排放之间有显著的空间相关性,且技术创新具有空间外溢性。

以上这些文献大多专注于研究产业结构与碳排放或者技术进步与能源效率之间的关系,没有以一个综合的模型把两者结合起来探讨。本文在前人研究的基础上,基于环境库兹涅茨曲线基础,先后引入地区发展水平及其二次项、能源结构作为模型控制变量,研究产业结构、技术创新这两个自变量与碳排放之间的关系。以期通过实证研究探索我国发展“低碳经济”的途径。

## 三、地区选择与我国东部地区碳排放现状

本文选择中国东部15个省(市)作为研究对象。由于目前大多数文献研究的是全国30多个省(市)的碳排放情况,而东部地区文献相对缺乏,笔者考虑到中国东部沿海省份经济相对发达,其涵盖了中国的政治、经济中心,多为原老工业基地、粮食生产大省等,且大部分区域工业化发展较快,城镇化进程迅速,碳排放、产业结构、技术创新能力较具有代表性。

图1展示了2000—2010年我国东部15个省(市)碳排放走势图,从图形走势直观可见,煤炭是构成碳排放的主要能源,且煤炭的消耗极大地影响了碳排放走势,尤其从2003年以来,煤炭消费增长加快。同时,石油的碳排放也有上扬趋势,但与煤炭相比走势相对平稳。天然气的碳排放变化不明显且构成比例也较低。东部15个省(市)从2000年的碳排放不足6亿吨一直到2010年的近14亿吨,年均增长率达8.2%左右。图2显示了2000—2010年碳排放强度的走势图,2000年东部地区碳排放强度为0.88万吨/亿元,2001年有迅速下降走势,在2001年到

2010年期间基本保持温和下降趋势，其中2004—2005年有所反弹，2010年东部地区碳排放强度为0.47万吨/亿元，11年内下降了46%。根据我国在哥本哈根气候大会上作出的从2005—2020年碳排放强度降低45%的承诺，笔者以我国东部地区15个省（市）为地域样本做以下计算，以2005年碳排放强度为0.56万吨/亿元为基础，根据承诺目标，到2020年碳排放强度应该为0.308万吨/亿元，以地区生产总值8%的平均增长速度计算，碳排放总量以年均3.7%～3.8%的速度增长方能达标，而这与过去8.2%的增长率有相当大差距，同时东部地区又是相对发达地区，技术、人才等比较密集，在低碳经济和节能减排方面更应该保持领先优势，所以探索实现低碳增长的突破口，对于应对国内外环境变化和国际压力而言意义深远。

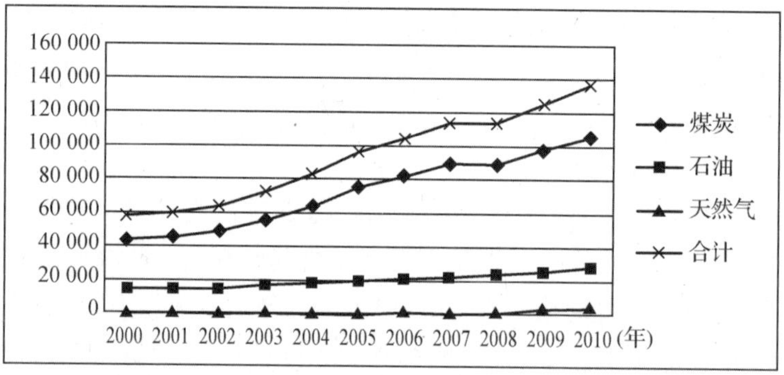


**图1 2000—2010年我国东部地区15个省（市）碳排放总量走势（单位:万吨）**

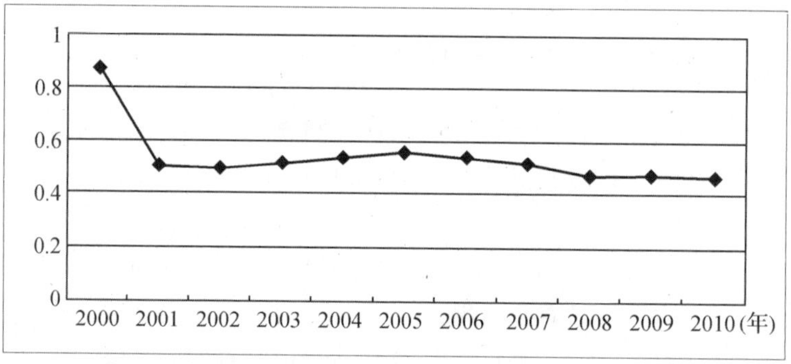


**图2 2000—2010年我国东部地区15个省（市）碳排放强度走势（单位:万吨/亿元）**

## 三、研究假设、变量选择与数据来源

### （一）研究假设

第二产业是过去20年创造中国GDP的支柱行业，但是第二产业中包括了石油加工、炼焦及核燃料加工业、化学原料及化学制品制造业、非金属矿物制品业、黑色金属冶炼及压延加工业、有色金属冶炼及压延加工业、电力、热力的生产和供应业等高耗能行业,2010年我国工业能耗占总能耗的71%,如此高比例的能耗说明我国尚处于工业化推进期,要素积累效应明显,因此,认为第二产业发展与碳排放呈正相关关系。第三产业的发展增加了对各种办公建筑的需求,加大了对各类建筑材料的能耗,也加速了家用轿车和公共交通的能源消耗。根据《中国统计年鉴》,2010年在物流业领域如交通运输、仓储和邮政的能耗占总能耗的8%。因此认为,第三产业的发展也会增加碳排放。基于此,我们提出:

假说1:第二、三产业的发展会增加碳排放强度和碳排放总量,但第二产业的影响更明显。

衡量技术创新可以从总量、效率、结构等多方面入手。一般而言技术创新对碳排放的影响可以从双重层面理解,一是低碳技术的创新,实现新能源的开发利用,有助于实现碳减排;二是广义的技术创新,即通过间接的技术进步优化产业效率,提高能源转化率,实现碳减排。因此我们提出:

假说2:技术创新能力越强,碳排放强度和碳排放总量均会降低。

### (二) 变量选择

本文所选择的变量有如下五类:① 碳排放强度与碳排放总量:衡量碳排放的指标有很多,碳排放总量反映了东部地区总体碳排放走势,而单位GDP的碳排放量把经济效益和能源消耗联系起来,与低碳经济的“效益理念”相紧扣,并且我国承诺的到2020年的减排目标也是围绕“碳排放强度”制定。因此,笔者分别选取碳排放强度和碳排放总量作为因变量,以衡量自变量对两者的影响并作对比。② 产业结构:以第二、三产业的产值占总产值的比重衡量。③ 技术创新:单位R&D(研究与试验发展——笔者注)科研经费的国内授权专利数量即科研效率(科研资金转化率)衡量地区创新能力。④ GDP及其平方项为控制变量:根据“环境库兹涅茨”曲线理论,在国内学者吴振信等研究的基础上,认为随着经济增长,碳排量强度是内生的先增后降的过程。⑤ 能源结构为控制变量:以一级能源中煤炭、石油能耗占一级能耗的比例衡量。根据统计数据显示,从2000年到2010年,煤炭的消耗提升了3.4个百分点,而原油的消耗降低了7.4个百分点,同时前者碳排放强度高于后者,因此能源结构是影响碳排放的重要因素。另外,根据吴彼爱等诸多学者的研究,认为煤炭是碳排放主要来源,石油和天然气次之。因此在模型中引入能源结构作为控制变量。

### (三) 数据来源与说明

本文能源消耗统计数据来自历年《中国能源统计年鉴》,碳排放数据根据各地历年来一次能源(煤炭、石油、天然气)消耗量依国家标准煤折算参考系数:煤炭为0.7143吨标准煤/吨,石油为1.4286吨标准煤/吨,天然气为1.2143吨标准煤/吨(天然气利用密度与消耗体积相乘计算消耗质量)折算,再按照《中国可持续发展能源暨碳排放情景分析》报告的各类能源碳排放系数,把一次能源消耗折算成碳排放量。煤炭、石油、天然气的转化系数分别为:0.7476、0.5825、0.4435(单位:吨碳/吨标准煤)。能源结构根据各类能源消耗占一级能源消耗的比例计算;各地GDP以2000年为基期,利用GDP指数计算;国内专利申请授权数来自《中国统计年鉴》;各地R&D投入额来自中国科技统计网站。

## 四、实证模型和研究方法

### (一)模型构建

基于相关经济和计量理论,构建如下面板模型:

$$y_{it} = \alpha_{it} + \sum_{k=1}^{K} \beta_{k,it} x_{k,it} + u_i + \varepsilon_{it} \quad (1)$$

$i$表示个体,$t$表示时间。本文中$y_{it}$分别为$\ln(\text{cpgdp})_{it}$和$\text{lnc}_{it}$,代表第$i$个省份第$t$年的碳排放强度的对数值和碳排放总量的对数值,对数变换为了增强数据平稳性;$x_{1,it} = \text{gdp}_{it}$,$x_{2,it} = \text{gdp}_{it}^2$,$x_{3,it} = \text{sec}_{it}$,$x_{4,it} = \text{thi}_{it}$,$x_{5,it} = \text{inratio}_{it}$,$x_{6,it} = \text{coalstr}_{it}$,$x_{7,it} = \text{oilstr}_{it}$,分别表示第$i$个省份第$t$期的地区生产总值及其平方项,第二、三产业比重,科技创新效率,煤炭、石油消耗比重;$\alpha_{it}$代表常数项,$\beta_{k,it}$是面板数据回归系数,$\mu_{it}$为代表个体异质性的变量,$\varepsilon_{it}$为面板随机扰动项。

### (二)实证方法

根据模型的截距、系数是否相同,本文将模型分为混合效应模型、变截距模型、变系数模型。在混合效应模型中,认为所有个体不因$i$和$t$的变化而变化,即认为不存在个体异质性,$\mu i=0$,使用常规的OLS模型回归。变截距模型认为存在个体异质性,如果个体异质部分与自变量或者控制变量不相关,则称为随机效应模型,若相关,则称为固定效应模型。变系数模型则认为面板之间没有共性,即既存在结构影响又存在个体效应。

笔者主要通过混合效应模型和变截距模型分析影响东部地区碳排放强度的因素。本文使用Stata 11.0计量工具进行回归。首先通过LM检验(拉格朗日乘数检验)来检验随机效应,如果拒绝原假设,说明随机效应模型优于混合回归模型,在Stata中,使用命令xttest 0实现。在比较固定效应和随机效应模型时,使用

Hausman 检验,其检验原假设为 μi 与自变量不相关,Hausman 统计量计算如下:

$$(\beta_{FE}-\beta_{RE})'[VAR(\beta_{FE})-VAR(\beta_{RE})]^{-1}(\beta_{FE}-\beta_{RE})\sim x^2(K) \quad (2)$$

$\beta_{FE}$与$\beta_{RE}$分别为固定和随机效应模型的回归系数,VAR($\beta_{FE}$),VAR($\beta_{RE}$)为两者的方差—协方差矩阵。如果拒绝原假设,则说明个体异质性具有内生性,使用固定效应模型优于随机效应模型。

## 五、实证结果与分析

### (一)以碳排放强度为因变量回归分析

先以 gdp 和 $gdp^2$ 为控制变量,考察碳排放强度与产业结构、技术创新之间的关系。LM 检验(统计量为 231.53)认为模型中存在反映个体效应的随机扰动项,因此混合回归模型不合适,再通过 Hausman 检验(统计量为 3.26),认为固定效应与随机效应模型无显著差别,实证结果如表 1 所示,固定效应和随机效应的短模型均认为增加第二产业比例会显著提高碳排放强度,而创新效率提升会显著降低碳排放强度。在短模型的基础上继续加入能源结构作为解释变量,对 POLS 模型进行回归,发现所有控制变量,即 gdp,$gdp^2$,coalstr,oilstr 以及自变量 inratio 的系数均显著,而产业结构系数均不显著。在进行随机效应模型回归后,除了第三产业系数不显著外,其余均显著。进一步对两模型进行 LM 检验(统计量为 296.88),显示模型具有个体异质性,放弃使用 POLS 模型(回归结果见表 1)。继而,再进行固定效应模型回归,结果发现其与随机效应模型的结论相似,除了第三产业前系数不显著以外,其余自变量与控制变量系数均显著。再进行对比固定效应与随机效应的 Hausman 检验,统计量为 3.26,在 10% 的水平上不显著,说明个体异质性与自变量之间无相关性。表 1 展示了三种回归的结果,统计量是在聚类稳健标准差的基础上得出。如果按照随机效应模型,在其他变量不变的条件下,第二产业占国民生产总值的比例每增加 1 个百分点,碳排放强度即增加 1.89%,第三产业碳排放效应不明显,说明第三产业产值比重的增加对碳排放强度影响不显著;在科技创新效率方面,国内专利申请授权数每亿元增加一项,碳排放强度降低 1.23%,且在 0.1% 的水平上显著,说明科技创新效率的提高对改善碳排放强度意义较大。而作为控制变量的 gdp 及其二次项的系数反映了碳排放强度的倒"U"型走势,煤炭对碳排放强度的影响强于石油。如果按照固定效应模型,在其他变量不变的情况下,第二产业占国民生产总值的比例每增加 1 个百分点,碳排放强度即增加 3%,固定效应模型回归结果认为第二产业比重提高对碳排放强度的影响更大，第三产业比重的影响依旧不显著，而科技创新效率对碳排放影响的程度比随机效应模型低，即科技创新效率每增加 1 个单位，碳排放强度降低 1.12%。整体而言，长模型的 FEM 与 REM 的回归结果差异不大。

**表 1 以碳排放强度为因变量的模型估计结果一览表**

| | 模型 1 | 模型 2 | 模型 3 | 模型 4 | 模型 5 |
|---|---|---|---|---|---|
| 变量 | FEM 短 | REM 短 | POLS | FEM 长 | REM 长 |
| gdp | -0.0001022*** | -0.000093*** | -0.0000592 | -0.0000944*** | -0.0000868*** |
| | (-7.78) | (-7.79) | (-3.27) | (-5.86) | (-6.26) |
| $gdp^2$ | 1.88e-09*** | 1.74e-09*** | 1.16e-09** | 1.75e-09*** | 1.66e-09*** |
| | (-6.96) | (-6.71) | (-2.54) | (-5.25) | (-5.54) |
| sec | 2.910134** | 2.440545** | 0.4601393 | 3.008616* | 1.893187** |
| | (-2.23) | (-2.52) | (-0.58) | (-2.00) | (-2.12) |
| thi | 1.609907 | 0.46732 | -1.247878 | 2.414666 | 0.9300782 |
| | (-1.06) | (-0.45) | (-1.21) | (-1.54) | (-0.98) |
| inratio | -0.0023355*** | -0.0023546*** | -0.0029345** | -0.0011253** | -0.0012371*** |
| | (-3.68) | (-3.90) | (-2.84) | (-2.71) | (-2.77) |
| coalstr | | | 1.613346** | 2.505176*** | 2.42925*** |
| | | | (-2.94) | (-4.43) | (-4.67) |
| oilstr | | | 2.104801** | 2.00162*** | 2.086361*** |
| | | | (-2.81) | (-5.29) | (-5.75) |
| 常数 | 0.6038323 | -1.087687 | -1.341708* | -4.511594*** | -3.406214*** |
| | (-0.52) | (-1.33) | (-1.86) | (-3.65) | (-4.20) |
| F 值 | 17.72 | | | 25.43 | |
| 组内 $R^2$ | 0.36 | 0.36 | 0.55 | 0.55 | 0.55 |

注：***、**、* 分别代表在 1%、5%、10% 的水平上显著。

如果我国东部地区要实现碳排放强度降低的目标，单纯从回归结果来看，保持其他变量不变，从 2005 年到 2020 年期间，第二产业比重下降 20 ~ 25 个百分点或者每亿元国内专利申请量增加 37 ~ 40 项，将有可能实现减排目标，但这比较吃力。

### （二）以碳排放总量的对数为因变量的回归分析

以碳排放总量的对数作为因变量，同样进行面板回归，在短模型中，经过 LM 检验（统计量为 219，认为具有个体异质性，放弃使用混合回归）和 Hausman 检验（统计量为 2.73，认为固定效应与随机效应无显著差别），FEM 短和 REM 短模型显示第二产业与第三产业比重增加会增加碳排放总量，而科技创新效率提升会对碳排放总量的下降有显著影响。加入能源结构做控制变量继续回归，除了 $gdp^2$ 以外，其余变量均对碳排放总量影响显著，与以碳排放强度为因变量模型不同的是，此处第三产业的发展对碳排放总量呈显著的正相关关系，说明第三产业影响碳排放总量的速度与影响经济总量的速度相一致，而 GDP 不显著则说明东部地区碳排放总量的库兹涅茨规律不明显。

**表 2　以碳排放总量为因变量的模型估计结果一览表**

| | 模型 1 | 模型 2 | 模型 3 | 模型 4 | 模型 5 |
|---|---|---|---|---|---|
| 变量 | FEM 短 | REM 短 | POLS | FEM 长 | REM 长 |
| gdp | 0.0000206 | 0.0000418** | 0.0000465*** | 0.0000286* | 0.0000465*** |
| | (−1.22) | (−2.42) | (−2.83) | (−0.09) | (−2.83) |
| $gdp^2$ | 1.52E−10 | −1.35E−10 | −1.99E−10 | 3.01E−11 | −1.99E−10 |
| | (−0.45) | (−0.41) | (−0.65) | (−0.003) | (−0.65) |
| sec | 6.924153*** | 5.105096*** | 4.7038*** | 6.877414*** | 4.7038*** |
| | (−3.49) | (−2.69) | (−4.58) | (−5.41) | (−4.58) |
| thi | 6.609072*** | 3.253364* | 3.948574*** | 7.148171*** | 3.948574*** |
| | (−3.17) | (−1.86) | (−4.00) | (−5.33) | (−4.00) |
| inratio | −.0038238*** | −.0038686*** | −0.0027774*** | −0.002736** | −.0027774*** |
| | (−3.41) | (−3.30) | (−3.60) | (−3.55) | (−3.60) |
| coalstr | | | 2.223549*** | 2.198776*** | 2.223549*** |
| | | | (−3.89) | (−3.74) | (−3.89) |
| oilstr | | | 2.072038*** | 1.823461*** | 2.072038*** |
| | | | (−6.06) | (−5.25) | (−6.06) |
| 常数 | 2.479585 | 4.527674*** | 2.208263** | 0.1122509 | 2.208263*** |
| | (−1.5) | (−3.13) | (−2.63) | (−0.1) | (−2.63) |
| F 值 | 25.74 | | | 31.11 | |
| 组内 $R^2$ | 0.69 | 0.68 | 0.77 | 0.79 | 0.77 |

注：***、**、* 分别代表在 1%、5%、10% 的水平上显著。

## 六、结论与建议

本文通过对中国东部地区 15 个省（市）的面板数据回归，分析了产业结构、技术创新与碳排放强度和碳排放总量的关系，通过一系列的比较和检验，研究发现，无论是否加入能源结构作为控制变量，固定效应模型和随机效应模型的回归结果差异不大,即个体异质性与自变量之间无相关关系。并根据模型回归结果得出以下结论:一是第二产业的产值比例与碳排放强度和碳排放总量呈显著正相关关系,即由于工业发展引起的碳排放速度的增加大于其创造的经济增长速度,第二产业比重增加会增加碳排放的绝对量,这也验证了假说1中关于第二产业的猜测;而第三产业比较"低碳",以碳排放强度为因变量的三个模型都没有验证出服务业产值比重增加会导致碳排放强度的增加,说明服务业发展带来的经济增速大于或等于碳排放增速,而"三产"的发展会导致碳排放总量的增加,部分验证了关于第三产业的猜测。二是科技创新效率无论对降低碳排放强度还是碳排放总量都有积极意义,验证了假说2。三是继续验证了之前学者提出的碳排放的倒"U"型特征(针对碳排放强度),以及优化能源结构对碳排放强度降低的意义,由于这些变量为本文控制变量,不做赘述。

重化工业化快速发展推动东部地区GDP的增加,能源高消耗和污染高排放呈现密集增长态势,温室气体排放量迅速增加,经济增长与环境恶化之间的矛盾比较突出。对于东部地区而言,要支撑全国实现15年减排45%的承诺显得更加迫切。本文在此有针对性地提出以下建议:

(1)倡导绿色低碳发展理念。东部地区政府和社会各界要深刻认识到温室气体增加导致的环境变化对可持续发展和人民群众身体健康的威胁,积极倡导绿色低碳理念,调整经济发展方式,促进环境库兹涅茨曲线的拐点尽快来到,实现经济发展水平提高与环境优良之间的正向互动。

(2)调整产业结构,实现东部地区产业升级。东部地区的经济快速发展是建立在外资引进和第二产业比重大幅升高的基础上的,而第二产业的耗能量和温室气体排放量较多,要减排温室气体,除必须提高技术水平外,还要实现对第二产业中尤其是高耗能产业的控制,通过产业升级和转移,发展服务业,优化产业结构,以实现结构减排。

(3)创造有利于创新的环境氛围,提升产业创新效率。美国作为世界上主要的经济体,产业升级和环境保护的成功经验是形成了企业、政府、科研单位、金融市场和风险投资在内的良性循环体系,推动了产业创新和环境保护(Stiel,2002)。东部地区作为中国经济发达的区域,其所涵盖的三大经济圈是全国人才、技术密集区,通过制度、风险投资等手段营造宽松的创新环境,制定有效的人才、技术吸引政策,通过创新引致的技术进步促进经济在碳排放速度放缓甚至绝对量下降条件下的增长。

(4)从经济发展的长期角度看,碳减排似乎也是内生的过程,当发展到一定阶段以后碳排放强度有自然减缓并降低的趋势，同时，减少以煤炭为主的能耗方式，使用清洁能源、再生能源等都有助于碳排放强度优化和碳排放总量的降低。

（韩坚：苏州大学商学院副教授；盛培宏：苏州大学商学院硕士研究生）

# 苏南地区新型城镇化

# 缩小城乡收入差距的实践与探索：以江苏为例

高　峰

【摘要】 本研究报告从梳理江苏城乡居民收入差距的演进轨迹入手，客观分析江苏实施城乡统筹、破解“三农”难题的历史进程，对其成功实践作出理性概括，对其难点所在与实际矛盾进行深层剖析，在进行规律性研究的基础上，提出对策建议，为江苏巩固发展现有统筹协调城乡发展的良好态势以及今后持续合理缩小城乡收入差距提供决策参考。

【关键词】 江苏　城乡收入差距　实践经验　深层矛盾

【基金项目】 2011 年度教育部人文社会科学重点研究基地重大项目“城乡一体化背景下的人口城镇化研究”（项目编号：11jjd840004）的阶段性成果。

改革开放以来，江苏在坚持以市场化体制改革为动力，协调工农矛盾、构建新型城乡关系的探索进程中，城乡居民收入差距经历了先扩大、后缩小、再扩大、再缩小的曲折演变。2010 年和 2011 年，全省农民收入增幅连续两年超过城镇居民可支配收入的增幅，城乡居民收入比降为 2.44∶1，这一差距比已明显低于全国平均水平。取得这一殊为不易的成果是十分可喜的，但同时由于城乡二元结构这一制度性缺陷的客观存在，农业、农村和农民在资源和国民收入分配中长期处于不利地位，制约农民增收的深层次矛盾还没有得到根本化解，农民增收的基础较脆弱、变数仍然较多，对今后保持农民收入快速增长势头、持续合理缩小城乡居民收入差距的问题，值得进一步加以关注。

## 一、城乡收入差距缩小的演变历程及其呈现的新亮点

### （一）城乡收入差距缩小的演变历程

1978 年至 2011 年，江苏省城乡居民收入差距，在经历“扩大—缩小—再扩大—再缩小”的周期性升降的进程中，在全国先行一步，呈现出从扩大转向缩小的良好态势。依据城乡居民收入比值变化曲线可将江苏城乡收入差距的演变分为

五个阶段(图 1)。

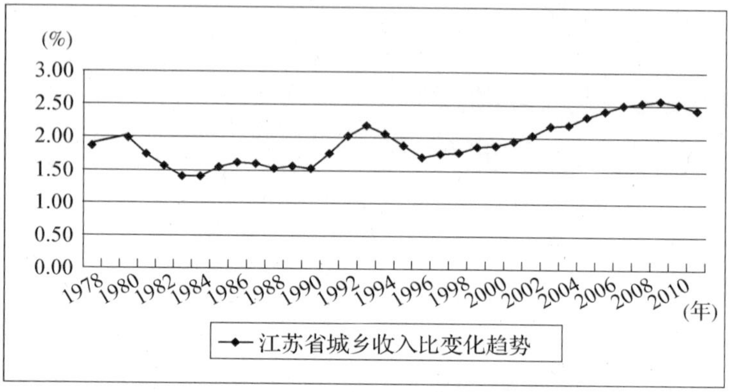


注：根据 1978—2011 年《江苏统计年鉴》提供的相关数据绘制

**图 1　改革开放以来江苏省城乡收入比变化趋势**

1978—1983 年为第一阶段,城乡居民收入差距呈现小升快降。改革以农村实行家庭联产承包责任制为先导,极大地调动了农民从事农业生产的积极性,使农民以农业为主的家庭经营收入大幅增长。同时,社队企业的迅速发展和农业剩余劳动力的转移,农民人均纯收入增幅高于城市居民可支配收入增幅。城乡居民收入差距在由 1978 年的 1.86∶1小幅升至 1980 年的 1.99∶1后,即迅速呈现下降趋势,至 1983 年降为 1.39∶1。

1984—1993 年为第二阶段,城乡居民收入差距呈现出伴有小幅波动的总体上升趋势。1984 年 10 月党的十二届三中全会通过《中共中央关于经济体制改革的决定》,标志我国进入以城市为重点的经济体制改革整体推进阶段。这一阶段,江苏一批强县的县域经济崛起,新兴城市纷纷成长,城镇化进程加速发展。1984—1986 年,城市居民人均可支配收入增幅显著高于农民人均纯收入增幅,城乡居民收入差距由 1983 年的 1.39∶1升至 1986 年的 1.62∶1,1987 年和 1988 年有小幅下降,农民收入增幅第二次短期超过城市居民收入增幅。此后又转为上升趋势,到 1993 年,城乡居民收入差距比的峰值达到 2.19∶1。

1994—1996 年为第三阶段,城乡收入差距快速下降。邓小平视察南方谈话和党的十四大提出建立社会主义市场经济体制之后,农产品价格全面放开,农村经济结构得以优化。同时乡镇企业借外向型发展战略的实施和上海浦东开发、开放之机第二次异军突起,农村剩余劳动力就业门路增多,非农化转移速度加快,工资性收入增加。1994—1996 年,农民人均纯收入增幅再次超过城市居民人均可支配收入的增幅,城乡居民收入差距连续 3 年缩小,1996 年缩小至 1.71∶1。

1997—2009 年为第四阶段,城乡居民收入差距连年扩大。这一阶段江苏农民收入增长速度均低于城镇居民。20 世纪 90 年代中后期,为控制通货膨胀局面,国家加大了宏观调控力度,东南亚金融危机爆发后,乡镇企业经营困难,效益下降,农民人均纯收入增长率从 1996 年的 23.3% 迅速回落到 1997 年的 7.9%,并出现连续 7 年的低速增长期。虽然后 5 年的农民收入增幅开始转为提升,但尚未能扭转城乡收入差距逐年扩大的局面。

2010—2011 年为第五阶段,城乡居民收入差距从连年扩大转向逐步缩小的一个新阶段。进入 21 世纪,江苏各市县即已围绕增加农民收入,从提高农业综合生产能力、建设社会主义新农村和发展现代农业等方面积极采取措施,甚至在 2004 年中央一号文件明确"有条件的地方可以进一步降低农业税税率或免征农业税"之前,苏南的一些县级市就已先行进行农业税征收办法改革的探索,推进税费改革直至取消农业税,并实施农业补贴政策。加上农村劳动力大规模转移的推进,既大大减轻了农民负担,又拓宽农民就业渠道,使农民收入增速明显加快。2005 年至 2009 年,江苏农民人均纯收入增长幅度连续 5 年超过 10%(农民和城镇居民收入增幅的差距逐年缩小,分别为 11% 和 17.5%,10.2% 和 14.3%,12.9% 和 16.3%,12.1% 和 14.1%,8.8% 和 10%)。进入 2010 年,城乡居民收入增幅发生逆转,农民人均纯收入、城镇居民人均可支配收入分别为 9 118 元和 22 944 元,两者的增幅分别为 13.9% 和 11.6%,这是自 1997 年以来,江苏农民收入增幅首次高出城镇居民 2.3 个百分点。2011 年江苏城镇居民人均可支配收入达 26 341 元,比上年增长 14.8%,农民人均纯收入达 10 805 元,比上年增长 18.5%。农民收入增幅再次超过城镇居民,城乡居民收入比进一步降为 2.44 : 1。

(二) 城乡收入差距缩小呈现的新亮点

江苏的城乡收入差距,在经历以上的曲折演变之后,现今已出现从扩大转向缩小的诸多新的亮点。

其一,随着农民增收幅度的加速提高,城乡差距显著小于全国平均水平。2011 年,江苏省城镇居民人均可支配收入、农民人均纯收入分别达到 26 341 元、10 805 元,分别是 1978 年的 91.46 倍和 69.71 倍;而全国城镇居民人均可支配收入、农民人均纯收入分别达到 21 810 元、6 977 元,分别是 1978 年的 63.51 倍和 52.22 倍,江苏省高于全国,分别为 27.95 倍和 17.49 倍。城乡居民收入差距,江苏 20 世纪 90 年代,除 1992—1994 年 3 个年份略高于 2 : 1以外,其余年份均低于 2 : 1;进入 21 世纪,自 2002 年起超过 2 : 1后,最高年份的 2009 年曾达到 2.57 : 1,

但与全国平均水平比仍然小 7.6 个小数点；到 2011 年，江苏城乡收入差距为 2.44∶1，而全国平均水平为 3.13∶1。

其二，苏南发达地区农民收入增长幅度更高，城乡差距缩小的趋势更加显著。以苏州市为例，1989 年后，农民收入增长幅度即明显高于全省和全国平均水平。特别是 2004 年以来，全市各年的农民人均纯收入增长幅度都在 10% 以上，2008 年农民人均纯收入达到 11 785 元，比上年增长 12.51%，率先超过城市居民人均可支配收入 12.26% 的增幅。2009 年城乡居民收入增长幅度基本持平，2010 年、2011 年连续两年农村居民人均纯收入增幅超过城市居民增幅，2011 年达到 16.3%。1990 年苏州市城乡居民收入差距为 1.29∶1，全国与江苏省平均水平分别为2.2∶1 和 1.66∶1；2000 年苏州市为 1.70∶1，全国和全省平均水平分别为 2.78∶1 和 1.89∶1；2011 年苏州市为 1.94∶1，全国、全省平均水平分别为 3.12∶1和 2.44∶1。

其三，农民收入增速逐步出现越来越快的良性态势。1997—2009 年的 14 年中，农民人均收入为 3 000 多元的情况持续了 6 年，收入为 4 000 多元、5 000 多元的情况分别有两年，以后，则是每年突破一个千元大关，农民收入增速越来越快，终于，出现城乡收入差距从扩大转向缩小转变。2010 年，全省农民人均纯收入比上年增长 13.9%，这是自 1997 年以来江苏农民收入增幅首次超过城镇居民可支配收入增幅，而 2011 年又持续这一超越好势头，江苏有条件乘势前进，促使城乡收入差距由扩大转向缩小的新的历史征程的展开。

## 二、依托江苏经济领先优势缩小城乡收入差距的成功之道

我国改革开放后，全国经济持续快速发展，农产品价格稳中有升，企业用工大幅上升，特别是从 1982 年开始连续多年发布“一号文件”以来，中央始终突出“三农”工作，实施以促进农民增收统率农村全局的战略导向，先后出台一系列支农惠农政策，这是江苏农民得以持续增收的根基和前提。在这过程中，江苏经济总量长期位列全国前茅，1992 年起全省 GDP 连续 19 年保持两位数增长。正是从经济的超前发展中，江苏较早打开重视协调工农、城乡关系的视野，并借助经济发展的领先优势，在城镇居民收入快速增长情况下，紧抓促进农民增收这一环节，从遏制城乡居民收入差距拉大的趋势，到促使两者增速差距转向缩小，与时俱进，多措并举，在全国率先一步成功开拓了缩小城乡居民收入差距之路。其成功之道，符合中国国情，具有江苏区域特色，概括起来说，突出地表现在以下三个方面：

首先，利用地处沿海商品经济发育相对较早的地区优势，以市场为导向，率先支持农民办工业，启动农村产业改革，加快农村从农业社会向工业社会的转型，极

大地增强农村商品经济活力，这是江苏改变城乡结构二元分立、协调工农利益矛盾而跨出历史性变革的必经一步。

20世纪70年代，苏南地区的乡镇工业（社队工业）的发展就已起步，但备受"极左"思潮的压制。改革开放后，在实行家庭承包责任制、大大调动广大农民积极性的基础上，从苏南到全省，在"围绕农业办工业、办好工业促农业"的导向口号下，创造了以乡镇企业为主要特征的苏南模式。乡镇企业以其充沛的市场开拓力和灵活的经营机制，起着促进传统农业分解和转型的效能，使传统农村由自给、半自给经济迅速向着较大规模的商品经济转型，原来以粮棉为主、单一种植业的产业结构转变为以农业为基础、多行业综合发展的产业结构。大量农业剩余劳动力从小块耕地上解放了出来，启动了农村专业化、社会化、商品化的大发展，农林牧副渔、工商建运服"十轮齐转"，多元化行业全面繁荣兴旺。同时，随同乡镇企业的兴起和农村经济的市场化发展，打破了农村单一的农业经济，城乡之间原来那种农村—农业、城市—工业的传统产业分工格局，自然而然地宣告解体，反映在流通领域里，就是城乡之间商品、要素双向交叉流动的新格局代替了以往农产品进城、工业品下乡的单向流动。而地方政府则顺势应变，大胆地放开城乡之间物资、资金、技术、劳力、人才等的要素流动，城乡通开的市场环境逐步形成，促使城乡之间以物质交换、要素流转、价值转移为内容的市场化关系逐步展开，产生了城乡商品要素市场通开与乡镇企业快速发展相互推动的良好效应。特别可喜的是，20世纪90年代以后，江苏对外开放的步子不断加快，苏南各类开发区、工业园区相继兴起，则又明显加大了大中城市以园区为载体、对周围农村的辐射带动功能，乡镇企业普遍出现了上水平、上规模、上档次的升级换代。同时，以高速公路与铁路项目为主干、城际通道为联结的开放式、大交通网络的发展，进一步促进了城乡商品要素市场的不断延伸和扩展，促进了城乡两大系统相互开放的不断深化，原来封闭在各个乡村的乡镇企业走向城镇集聚，城乡工业联动发展，城乡发展逐步交融。

其次，借助工业化、城镇化进展快的比较优势，较早打破了就农村抓农村、就城市抓城市的局限性，从开始实行县域的城乡统筹，发展到以大城市、特大城市为依托的区域城乡统筹，在实施"五个城乡一体化"进程中，推进新型工业化、新型城镇化与农业现代化"三化同步"，构建加快城镇化与新农村建设紧相结合的新型城乡关系。

20世纪80年代，从苏锡常开始，江苏各地通过乡村行政系统，在集体经济组织的管理框架内，利用乡镇企业上缴利润和提取的专项资金，采取"以工补农"和"以工建农"的形式与制度，收到协调务农与务工利益矛盾的良好成效。特别是在乡镇企业率先发达的地方，一批县域经济强劲崛起，从协调农工利益矛盾的需要出发，早就跳出农村抓农村、城市抓城市的城乡分治的惯性轨道，在县(市)域内注重协调工农、城乡发展。在统筹县域城乡发展的实践基础上，2000 年前后，随着大城市和特大城市的发育成长以及大中小城市与小城镇协调发展的格局的基本形成，特别是在城镇化跨越"自我造城"老路转向新路的条件下，江苏自上而下进一步打开城乡统筹的视野，从实行"以块为主"的县域城乡统筹，向着以大城市、特大城市为依托的区域范围内的城乡统筹扩展，并提出和实施发展规划、产业布局、基础设施、公共服务、社会保障等"五个城乡一体化"。由此，推进了各市各县普遍树立城乡统筹的施政理念，强化实施"以工哺农、以城带乡"：一方面，利用城市物质基础和经济实力，财政上实行"多予、少收、放活"的方针，启动公共财政支农，包括推进农村税费改革、减轻农民税负、调整农副产品剪刀差、强化种粮补贴政策、加强扶贫攻坚以及提高农村社会保障标准和扩大覆盖面等一系列支农惠农措施；另一方面，利用现代城市工业的产业优势和科技力量，通过统筹城乡产业空间布局和结构调整，对农村实施积极的产业带动方针，激发农村经济发展的内在活力。这样，促进了先进生产要素向农村流动，基础设施向农村延伸，公共服务向农村覆盖，现代文明向农村传播。

值得一提的是，在中央提出扎实推进社会主义新农村建设的战略决策后，江苏立即把加快新农村建设提到发展战略全局的重中之重的高度，及时提出并大力实施以高效农业规模化工程为第一位的"十大工程"。各市采取村企结合、培育龙头企业以及鼓励和引导工商、民间资本下乡等形式，帮扶农村在提升农业产业化水平上发展高效规模化农业，包括开发建设农业园区，建立现代农业示范基地，使全省很快形成推进高效农业规模化的良好势头，每年高效农业面积都以数百万亩的速度增长。现代农业建设力度的加大和农业现代化的快速推进，使全省农业、农村经济运行保持良好态势。仅 2011 年全省就新增高效设施农业面积 139.4 万亩，设施农业累积面积达到 861.2 万亩，占耕地面积比重提高到 12.2%；农业科技贡献率达 61.2%，"三品一标"总量 1.27 万个，均居全国第一。全省高效设施农业面积累积达到 3 011.9 万亩，比上年增加 314.3 万亩。2011 年江苏省农林牧渔业增加值首次突破 3 000 亿元大关，农林牧渔业增加值已连续 12 年增长，全省平均农林牧渔增加值达到 36 787.7 元，是全国平均水平的 2 倍多，位列全国第一。"九五"期间，农民人均家庭经营收入增长 14.70%，"十五"期间增长 19.99%，"十一五"期间增长 51.29%。建设现代农业在江苏，对改变农业的低收益状况和弱势地位，促使农业增效、农民增收成效显著。这也印证了推进城镇化与建设新农村紧相结合,构建新型城乡关系的成功实践。

再次,发挥先发地区的示范和带动优势,由苏南开始,推动全省,按照城乡统筹发展的要求,进行破解“三农”难题的探索,在推进农业经营机制、土地使用管理制度、农村金融制度、户籍管理制度等方面的制度创新的实践中,广辟农民持续增收的多元化渠道,逐步走上通过优化收入结构实现农民持续增收之路。

苏南,作为江苏的先发地区,改革开放以来,无论是乡镇企业异军突起,对外开放,还是城镇化转型,都是走在全省前面。破解“三农”难题的探索,同样是苏南先行一步。20 世纪 80 年代后半期开始,苏南地区就开始进行农业适度规模经营的积极探索,一方面让土地向种田能手集中,建立家庭农场;另一方面,在农村集体经济内部实行工农分工,建立“农业工厂”,试图将农业适度规模经营与“以工补农”相结合,在“以工补农”的基础上推进农业适度规模经营,以利于在规模经济的基础上增进农业收益,同时也为农业的机械化、现代化打下良好的基础。特别是从 2005 年开始,全省由点到面,逐步推行“三集中”(农民居住向社区集中、工业企业向园区集中、农业用地向规模经营集中)、“三置换”(将集体资产所有权、土地经营承包权、宅基地及住房置换成股份合作社股权、城镇保障和住房)、“三大合作”(社区股份合作、土地股份合作和农民专业合作)等一系列制度创新,这是农村生产关系的重大调整,江苏省也是从苏州、无锡等地开始的。

江苏全省各地因地制宜借鉴和逐步推行苏南的率先改革创新的成功经验,不仅不同程度改善了江苏各地农村的生产、生活和公共设施下乡的条件,而且其积极成效还集中表现在为农民持续增收开辟多元化渠道,诸如开拓城乡通开的劳动力市场,为扩大农民创业门路、加快农民工市民化进程创造条件,随着城镇体系功能建设的逐步完善,城镇为吸纳离土农民大量进城就业和定居,农民非农化转移相应加快。多年来,江苏对进城农民工吸纳之多,一直位居全国前列。不仅大城市,而且一些新兴城市以及许多走向规模发展的县城和中小集镇也逐步增强吸引周围离土农民转移入住的承载力。据统计,到 2011 年末,江苏全省农村劳动力就地就近转移在本乡镇务工约 919 万人,异地输出就业约 879.91 万人,这其中有约 287 万人到省外务工。同时,也有 412 万外省的农民工进入江苏城市务工就业。从 2007 年开始的 3 年间,江苏累计有 8.67 万名外出的农民工返乡创业就业,他们回到农村家乡,多数就地或就近进入城镇,并购房定居。越来越多的农村人口进入城镇,“让更少的农民种更多的地”,同时也不断增加了农民工资性收入;建立城乡一体的社会保障制度,包括城乡一体的养老保险制度,农村居民最低生活保障制度,政府从土地收益中拿出一部分“反哺”被征地农民,完善被征地农民的基本生活保障制度,以及在实现农村新型农村合作医疗保险全覆盖基础上不断提高合作医疗保险的标准等,直接和间接地增加农民的转移性收入;出台支持村级集体经济发展的财政政策,帮助农民发展“三大”合作,壮大农村新型集体经济,有效整合农村资源和生产要素,促进农村的资源资产化、资产资本化、资本股份化、股份市场化,越来越多的农民“户户有资本、家家成股东”,增加了农民财产性收入;而由于现代农业建设力度的加大和农业现代化的快速推进,以农业经营为主的农民家庭经营性收入也有了较快增加。这样,城乡联手,为农民开拓了包含工资性收入、转移性收入、财产性收入、家庭经营性收入的多元化增收渠道,使之成为江苏驱动城乡差距由扩大转向缩小的有力杠杆。

**表1 江苏省农民人均纯收入及各项收入构成**

| 年份 | 农民人均纯收入(元) | 工资性收入数(元) | 家庭经营收入数(元) | 财产性收入数(元) | 转移性收入数(元) |
|---|---|---|---|---|---|
| 2005 | 5 276 | 2 786(52.81%) | 2 125(40.26%) | 150(2.84%) | 215(4.09%) |
| 2006 | 5 813 | 3 076(52.92%) | 2 300(39.57%) | 179(3.08%) | 259(4.43%) |
| 2007 | 6 561 | 3 476(52.98%) | 2 552(38.89%) | 217(3.31%) | 316(4.82%) |
| 2008 | 7 357 | 3 896(52.96%) | 2 812(38.22%) | 253(3.44%) | 396(5.38%) |
| 2009 | 8 004 | 4 239(52.96%) | 2 939(36.72%) | 326(4.07%) | 501(6.25%) |
| 2010 | 9 118 | 4 896(53.69%) | 3 215(35.26%) | 399(4.37%) | 608(6.68%) |
| 2011 | 10 805 | 5 747(53.19%) | 3 781(34.99%) | 476(4.40%) | 801(7.42%) |

注:根据2005—2011年《江苏统计年鉴》提供的相关数据制作。

由表1可见,改革开放以来,江苏坚持以市场化改革为动力,从推进最基础的农村经济结构变革开始,直面在全省经济持续较快发展中不断显现的城乡分立下的工农矛盾,并从解决这方面的现实矛盾出发,及早打开城乡统筹的视野,推动城镇化从“自我造城”的传统老路上转轨转型。从而通过逐步构建城乡一体化的新型关系,协调工农利益矛盾,实现农民持续增收。江苏缩小城乡收入差距的成功之道,正是由于在这个过程中积累了不断开拓创新的成果。

## 三、进一步化解妨碍城乡收入差距持续缩小的倾向性问题

由我国国情决定,城乡收入差距从扩大转向缩小,这实质上是一个如何促使从传统小农经济基础上的城乡分割,传统计划经济管理体制下的城乡分治,以及由此沿袭形成的传统发展思路、发展方式,在体制转轨、经济转型中实施城乡统筹,向科学发展思路、发展方式转变的问题。

包括江苏在内的国内实践都表明:实现这一转变不是轻而易举的,而是有其

复杂性和艰巨性。在推进城乡收入差距从扩大转向缩小的征程上，相比较而言江苏走在全国前列，但就根治经济上城乡分割、管理上城乡分治的弊端，实现农民收入与城市居民收入的持续同步增长的目标而言，则还有着不足，面临着挑战。

江苏城乡居民收入比近年虽缩小到2.44∶1，但仍然高于20世纪80年代、90年代曾分别出现过的最低比值。更要看到的是，缩小城乡收入差距，在江苏各地的发展还很不平衡。自中央提出统筹城乡经济社会发展以来，苏州最早改变了农民收入增长幅度低于城市居民可支配收入增长幅度的局面，2008年农民人均纯收入达到11 785元，比上年增长12.51%，从这一年起其增幅就已超过城市居民人均可支配收入的增幅（12.26%）。到2011年农民人均纯收入，苏州市高达17 040元，比江苏省最低的宿迁市（7 097元）高2.4倍。如按城乡居民高低收入户来比较，那就差距更大。2010年，江苏省农村居民高收入户人均纯收入19 976.8元，低收入户2 993.5元，前者是后者的6.67倍。

正视城乡收入差距在地区之间发展不平衡的现象是必要的，这有利于警示我们不要被平均数掩盖了农民低收入群体以及低收入地区的客观存在。笔者在苏北某县调研时发现，该县农民人均收入6 800元，较差的几个乡人均只有6 100元；某村不少村民收入甚微，主要靠家人在外打工。有位村民对笔者说，看农民收入不能只看平均数，实际情况是农民收入贫富不均衡，像"张家一户1 000万，周围9个穷光蛋，收入微薄家境差，创业无本借贷难"的情况并不少见。笔者进入几户村民家中，看到简陋的屋子里竟然没有一件值钱的东西，家前屋后又脏又乱。

如前所论，江苏成功实现城乡收入差距由扩大转向缩小，乃是在逐步构建城乡一体化的新型关系、注重协调工农利益矛盾的进程中长期积累的成果，也就是改变传统发展思路与发展方式，包括在工业化、城镇化中从以往以农养工、以农养城开始转向以工哺农、以城带乡等创新举措。但也毋庸讳言，这个转变还在动态的进程之中。在传统发展思路、发展方式下长期形成的"总量偏好"与"速度优先"的价值取向和"重城轻乡"与"重工轻农"的思想行为，与沿用那些维系二元经济结构的各类制度和政策相联系，还从多方面制约着缩小城乡收入差距的进程。

在调研中发现，持续缩小城乡收入差距还存在某些倾向性问题。

其一，关于推进城镇化偏重"化土地"与注重"化人口"与"化土地"相协调的问题。

城镇化破除城乡分治走新路，立足城乡统筹，化解"三农"难题，其根本标志是把"化人"与"化地"这两者协调好，实现人口城镇化与土地城镇化的互动并进。按前两年的统计，江苏城市化率虽比全国平均水平高出11个百分点，但统计城镇常住的农民工人数中尚有1/4的人未取得市民待遇，还有相当一部分人虽然住在城镇，却享受不到城镇公共资源和社会福利。而目前看来，这方面转变的步子仍然不大。多数地区，特别是有些后发市县，推进城镇化犯有"浮躁症"，偏好大城市，追逐人口集中、规模扩张，甚至相互效仿"把山水、树木引进城"，靠"化土地"把城市越圈越大，而忽视"化人口"的功能提升，背离了农村减少农民、致富农民的要求，这样，必然迈不开城镇化从老路转向新路的步子，也就实现不了城乡收入差距从扩大向缩小的转变。也就是说，这样的倾向性问题如果不谋扭转，以至让其扩展蔓延，自然就会拖延农村和城市从"分离"向"相连"的转变。在这个问题上，苏北、苏中地区需要增强警觉性，而在苏南一些先发地区的城镇化过程中，也要谨防竞相发展相互分割的大城市、特大城市，甚至放纵有些乡镇盲目追逐"高、大、洋"的误区。

其二，关于优化农民收入结构宜以工资性收入、财产性收入为重点与需要注重以家庭经营性收入为基础的问题。

包括工资性收入、家庭经营性收入、财产性收入、转移性收入等四项农民增收多元化渠道的开拓，这是江苏在促进农民持续增收、缩小城乡收入差距这盘棋中走出的一步好棋。但从发挥其在促进农民持续增收、缩小城乡收入差距中的最佳效应考量，就需要探讨怎样优化农民收入结构的问题。我们发现，这方面有两种不同思路：一是对农民持续增收特别看重工资性收入、财产性收入的增加，对农民收入构成强调以工资性收入、财产性收入为重点；二是从强农求富农着眼，认为需要注重以务农为主的家庭经营性收入为基础。在我们这样一个大国，农业作为国民经济的基础，特别是粮食这项安天下的战略产业，是我们国家的命脉，应当让强农成为富农的希望所在，当然应当让强农在正在率先推进农业现代化的江苏"鱼米之乡"也成为农民持续增收的基础。可目前的工作实践明显是按照前一种思路在实施。应当承认，实施这种思路同目前农民依靠多元化增收的现实相符。从2005年至2010年间的统计数据看，全省农民人均纯收入增长72.82%，其中工资性收入增长75.73%，家庭经营性收入增长15.13%，财产性收入增长160.00%，转移性收入增长182.79%，这四项构成的占比分别为53.7%、35.2%、4.4%和6.7%。的确，工资性收入、财产性收入不是占比大，就是增速快；而农业则是增效慢增收难。这也反映了干部中对务农为主的家庭经营"难以增收"的思想倾向。这就需要讨论：农业怎么会增效慢增收难？除了传统小农经济基础薄弱的历史因素外，就是与在长期实行城乡分割的传统体制下沿袭形成传统发展思路、发展方式，从而固化、深化了城乡二元结构的制度性缺陷分不开的。事实上，在江苏特别是在苏南的一些农业现代化建设先导区和城乡发展一体化先行区，种粮可以致富农民已经不是新鲜事。例如，常熟蒋巷村早在几年前，从事粮食种植的年人均纯收入就已经可以与从事非农产业的年人均收入相媲美。可以发现，只要真正打开构建新型城乡关系、注重协调工农利益的思路，在开拓农民多元化增收渠道中，对工资性收入、财产性收入和务农为主的家庭经营收入究竟如何摆布，是不难选择的。当然，不能将后发地区与先发地区相提并论，后发地区现阶段增加农民收入以工资性收入、财产性收入为重点还有其客观可行性和较大潜力，但联系其转型进程，这方面收入的较快增加有其特定的过渡性。因而总体还是应该把握以家庭经营性收入为基础的方向，使农民收入结构在与时俱进中逐步走向优化。

其三，关于工商资本下乡坚持助推现代农业建设宗旨与谨防违规圈地非农开发的问题。

近些年，江苏大中城市在推进“农外”力量深入“农内”支农中，鼓励和引导工商资本与外商资本下乡，促进农业产业化，用现代工业的方式改造传统农业，帮助农村建设现代农业，行之有效。但客观存在的问题是，有些工商资本下乡的真正兴趣不是助推现代农业建设，而是获取农村建设用地。有些工商企业以支农为名下乡，在占用土地后，将本该进行农业开发经营的土地违约变异为发展非农产业；还有些则是直接冲着农民的承包地和宅基地去的，打着扶农的牌子，变相进行房地产开发，在城郊搞小产权房，在风景秀美的乡村开发小别墅。地方政府为了留住下乡资本，则在条件上让步、土地租金上迁就。少数地方政府表现得十分“大度”，对于有的乡村旅游度假区项目，一划拨就是几百上千亩甚至数千亩土地。出现这类行为，远离了工商资本下乡助推现代农业建设的宗旨，完全与通过以工哺农、以城带乡、强农富农、缩小城乡差距的初衷背道而驰。

由此可见，江苏在缩小城乡收入差距问题上，既要珍视和发扬经过艰巨努力，从曲折进程中所获取的成功经验，又要正视和分析客观存在的差距，直面影响城乡收入差距持续缩小的深层障碍。在城乡关系上，具体表现为诸如“以乡挤农”或“以农养城”的城市思维偏向及其惯性行为仍然在客观现实中不同程度地存在，同时，多方面维系传统发展思路、发展方式而固化着城乡二元结构的传统体制机制还没有完全破除。江苏今后要保持和发展农民收入持续增加的势头，让缩小城乡收入差距的进程持续顺畅，当然就必须既着力于根除传统发展思路、发展方式，又需要进一步推进体制机制的改革创新。而这两者，显然必须前者先行，各级政府只有转变传统发展思路、发展方式先行，才会坚决地下深功夫去谋求体制机制改革的深化和攻坚。

## 四、从根除城乡二元结构制度性缺陷上下深功夫

为保持江苏农民收入持续增加的良好发展势头，让缩小城乡收入差距的进程持续顺畅，必须根除传统发展思路、发展方式，纠正“重城轻乡”等城市化偏向的传统观念，又要推进体制改革的深化和攻坚，克服城乡二元的制度性缺陷，进一步解决城乡政策不平等的实际问题，构建与市民同步协调的农民增收长效机制，以区域工业化、新型城镇化和农业现代化同步推进实现城乡利益和谐。关于前者，前文已经联系实际工作中的某些倾向性的问题作了理性探索；关于后者，这里着重就增强对持续缩小城乡收入差距的体制机制支撑提出政策建言，供研究参考。

第一，建立发展现代农业致富农民的机制，加大强农惠农政策力度。①完善承包土地流转机制，推进农村土地股份合作制改革，保障农民的土地权益；②加大粮食生产和种粮大户的政策支持力度；③建立农业生态补偿机制；现代农业不仅只有经济功能，还具有社会生态功能，在大中城市郊区和生态保护区，农业的社会功能和生态功能超越其固有的经济功能；④把培育现代新型农民、提高农业劳动者素质作为促进农民增收的重要措施；⑤积极培育以农民为主的现代农业经营主体，使农民在提高农业规模化、产业化、现代化水平的同时增加收入；⑥构建农业保险政策体系，减轻农民的受灾损失，增强广大农民抵御自然灾害的能力，促进农民收入的持续增长；⑦采取积极有效的政策措施，从根本上改变长期以来形成的“农业大县、粮食大县、财政穷县”和“务农穷、种粮更穷”的状况，让为国家粮食安全做出巨大贡献的粮食主产区尽快脱贫致富。

第二，深化推进农村产权制度改革，切实保障农民土地权益。要进一步明确农村土地的农民集体所有权，加快明晰农民的集体土地成员所有权，以规范化的农民土地股份合作社代表农民行使集体土地所有权，以股份制形式，量化固化集体土地，明确农民集体土地的成员所有权，增加农民来自集体的财产性收入。在清核社区集体资产的基础上，须将集体资产产权明晰到社区每个集体成员；组建“归属明确，权责明确，保护严格，流转顺畅”的社区股份合作社，并赋予法人地位。要确立农民房屋的完整产权，使更多农民在房屋出卖、出租、抵押、继承等流转中增加财产性收入。特别是“三集中”的实施，一定要与建立一整套保护农民基本权益和农民增收的政策措施结合起来，在完善有利于农民权益保护和农民增收的土地流转制度的条件下稳妥进行。如稳步推开“土地换保障”为“土地换股权”的改革；维护进城进镇农村居民的社区集体经营性资产的收益分配权；农民住房拆迁乃至村庄整体搬迁后的节约出来的建设用地，均不得改变集体所有性质等。

第三，支持新型集体经济组织发展，更好地增加农民来自集体经济的收入。设立财政引导资金，支持村集体在经济开发区或符合规划要求的工业集中区建设标准厂房，扩大村级集体资产，增加集体经济收入。对村集体经营性收入相关税收实行先征后返。对村集体经济组织物业出租的房产税、营业税以及村级公共事业建设工程所征的有关地方税收，有条件的地方可实行“轻税薄赋”政策，或由财税部门实行先征后奖。鼓励村集体兴办项目吸纳本地劳动力就业，增强村集体对农户增收的服务和带动功能。在发展以农村社区股份、土地股份、农民专业合作为主的农村“三大合作”经济组织中，要重视完善农村“三大合作”经济组织收益分配机制，提高社员分配比例。在壮大集体经济和资产收益分配上，要通过加快“政社分设”改革，推行行政村（社区）行政管理职能、组织机构、财务核算和资产管理的分离，逐步建立健全的公益性和社会事业建设支出合理承担机制，真正让集体经济发展的成果惠及百姓。

第四，改革农村金融体制，建立农民就业创业的金融支持体系。健全信贷资金投向“三农”的激励机制，加大对涉农金融机构和业务发展的政策支持。①大力发展农民合作金融组织，服务合作经济组织，调整和放宽农村金融机构的市场准入政策，降低准入门槛，发展面向农民的村镇银行、农村小额贷款公司、农民资金互助合作组织等中小金融机构；②推进农村金融组织和产品服务创新，全面开展“两权一房”（农民股权、土地、住房）抵（质）押贷款试点，破解农民创业融资难的瓶颈；③积极发展农业保险，按照政府引导、政策支持、市场运作、农民自愿的原则，建立并完善多种形式的农业保险体系，扩大农村保险覆盖面。

第五，突破现有的户籍制度，加速推进农民市民化。户籍制度改革不只是放宽农民工准入门槛，而是要确实解决长期存在的农民工的社会保障问题，推进常住人口基本公共服务均等化，促使城乡户籍二元结构创新，为城乡居民建立无差别的户籍制度。要建立和完善以就业准入、登记管理、就业服务、技能培训、社会保险和政策扶持为主要内容的城乡劳动者平等就业制度。流入地要把农民工作为城市居民的一部分，消除对流动人口的歧视性政策，创新流动人口服务和管理体制，有计划地扩大农民工与当地居民享受同等公共服务的项目和范围。农民工问题的根本出路在于实现农业的现代化，以及在新型城镇化进程中逐步解决进城农民的户籍问题。建议江苏省政府尽快研究出台农民工户籍制度改革的具体政策，将农民工统一纳入城市各项社会管理，促进农民工住房租购、医疗卫生、子女教育、社会保障等基本公共服务均等化。

（高峰：苏州大学中国特色城镇化研究中心研究员、苏州大学社会学院副院长）

# 社会政策范式转型理论视域下的苏南城镇化发展路径

梁君林

**【摘要】** 本文以社会政策范式转型理论为视角，从横向维度上探讨社会政策由城乡分割的二元范式向城乡统筹的一元范式的转型。新生代农民工的群体状况可认为是评判我国社会政策范式转型成功与否的一个重要抓手。因而，我们从新生代农民工的"生存型"和"发展型"问题出发，特别关注城市现行社会政策的创新点与局限性，以求发现社会政策范式转型的理想与现实之间的困境，并提出推进转型的合理路径。

**【关键词】** 新生代农民工问题　社会政策范式转型　困境

## 一、引言

随着工业化和城镇化的不断发展，中国进入了发展的转型时期，政策设计由过去只注重经济政策转向经济政策和社会政策并重，有学者认为未来一段时间将成为"社会政策的春天"。从经济政策时代到社会政策时代的转变，对社会政策本身也提出了巨大的挑战，这需要社会政策能有效回应时代的难题，推动社会的和谐发展。

前城镇化下的中国社会政策是一个典型的二元化社会下的福利政策体系，其突出特征是：市民有针对市民的福利政策，农民有针对农民的福利政策。尽管这种二元分割下的社会政策对象的福利待遇有着天壤之别，但在前城镇化下的中国，两种不同性质和水平的社会政策尚可相安无事。然而这一表面上和谐稳定的局面终于被20世纪80年代初期改革开放后中国社会转型的启动所打破。在中国的城镇化进程中，建立在传统社会体制下的城乡分割的社会政策在实施中的矛盾和困境日益凸显，这些矛盾和困境集中体现在"农民工"这一群体的形成及其日益边缘化的现实中。农民工群体正在走向分化，并正在完成代际转换，改革开放后出生的新生代农民工已经成为农民工的主体。因而我们选择以新生代农民工问题为着眼点，来探析社会政策范式由二元向一元转型过程中的难点并尝试提出社会政策的转型路径。

## 二、社会政策范式转型研究回顾

社会政策是指影响公共福利的国家行为，主要包括社会保障、住房、卫生、教育、社会工作以及社会福利服务。而“范式”一词最早由托马斯·库恩（Thomas·Kuhn）在其著作《科学革命的结构》中提出，所谓“范式”（Paradigm），指的是一个学派或学科据以建构理论、规律、概念的哲学和理论框架。简而言之，范式就是一种公认的模型或模式。彼得·霍尔（Peter Hall）在研究公共政策制定的过程中，借鉴库恩的科学范式概念提出“政策范式”。根据霍尔的定义，政策范式是镶嵌在政策制定者头脑中的知识框架（Intellectual Framework），它不仅支配着政策目标和政策工具的选择与设置，而且还决定着政策制定者对其想要解决问题的认识。政策范式代表着政策行动的框架，可以根据决策者如何设定政策目标（Policy Goals）、如何选择政策工具（Policy Instruments）和如何界定政策问题（Policy Problems）来加以鉴别。社会政策范式是一个非常稳定的架构，想要实现一种范式向另一种范式的转型“意味着社会政策体系的结构性调整，意味着社会政策的内部结构、模式、价值选择等方面深刻的革命性变革”。

笔者认为考察社会政策范式转型可以从横向与纵向两个维度进行：纵向维度是指社会政策从“生存型—发展型—投资型”的层层深入，这是一种时间上的转型，主要表现在社会政策的水平上；横向是指“二元到一元”的转型，这是从空间角度来看的。大多数学者的研究都是从纵向上进行的，例如杨团将社会政策学科的研究范式转型概括为从单纯的政府决策向着多个社会主体共同决策转变；从再分配与消费取向向着生产和社会投资进入再分配领域转变。嵇绍乾认为发展型社会政策在规范型社会政策衰弱的过程中开始成为一种新的政策范式并进一步解释，发展型社会政策与规范性社会政策的不同在于，它是通过实施若干实际的社会投资策略，以“生产性（Productivist）”的社会福利干预，促进了经济发展。而徐建则认为政策范式的演变是从再分配型到发展型社会政策。从上述观点中我们可以看出，无论是“单主体—多主体”与“规范性—发展性”，还是“再分配型—发展型”，其本质都是从纵向（历史发展）维度来分析阐述社会政策的范式转型的，只是它们各自关注的侧重点有所不同。

不同于以上学者的观点，笔者这里所要探讨的社会政策范式转型是从横向维度进行的，特指从城乡分割的二元社会政策范式到城乡统筹的一元社会政策范式的转型。二元社会政策层面主要表现为:在社会政策的设计上城乡之间相互分割,两种制度之间缺少衔接,市民的保障水平远高于农民的保障水平;城镇化和工业化导致城乡之间的差距进一步扩大,大批农村新生代劳动力进城务工,由于户籍制度的作用,进入城市就业的外来新生代农民工不能公平地得到附加在户籍上的福利保障。在计划经济体制下形成的、以城乡二元结构和户籍身份为基础的社会政策模式成为新生代农民工实现"市民梦"的最大阻碍,持续地影响到改革开放后我国社会政策的发展路径,并成为当前我国构建一体化社会政策的主要体制障碍。

## 三、社会政策范式转型视域下的新生代农民工问题

在中国的城镇化进程中,建立在传统社会体制下的城乡分割的社会政策在实施中的矛盾和困境日益凸显,并集中体现在"农民工"这一群体的形成和日益边缘化的现实中。改革开放30多年来,农民工群体内部走向分化并正在完成代际转换,新生代农民工已经成为当下农民工的主体。这种代际演变的社会后果是越来越多的新生代农民工不想返回农村,更愿意积极地融入城市生活。因此,关注当前我国的新生代农民工问题不仅是关注其就业与保障的"生存型"问题,更要关注的是他们向"新市民"转变过程中显现的"发展型"问题。

### (一)新生代农民工的"生存型"问题

随着我国社会转型的发展,新生代农民工的就业和生活环境较之于老一代农民工已有一定的改善,收入与保障水平也有所提升,然而在城乡分割的二元化范式突破之前,他们的就业和社会保障不公平现象将持续存在。

城市就业的不公平待遇主要源于新生代农民工对市民利益和城市就业空间的挤压。城市居民碍于自身原本的就业优势和对农民"文化水平低、素质低"的固有成见,对新生代农民工冲破二元就业秩序持排斥态度;企业为降低劳动力成本,维护自身利益,侵蚀新生代农民工的经济权益;政府由于监管不力和财政压力,对劳动力市场的自由配置机制没有起到良好的宏观调控作用。多种因素造成新生代农民工的城市就业壁垒,使其被排挤在次级劳动力市场就业,只能享受范围有限的低社会保障待遇,遭受就业歧视。

童星曾提出农民工社会政策的"二维四分"框架,其中"就业"指向的"生存型的问题取向政策"应优先于"社会保障"指向的"生存型的福利取向政策"。新生代农民工在城市自由择业的过程中缺乏相应的政策支持,城市居民的社会保障项

目普遍不在其享受范围之内。如新生代农民工没有被纳入城市失业率的统计范围内,城市没有对其提供相应的失业救济与再就业保障;新生代农民工的就业岗位多分布在受工伤比率较高的建筑业、制造业和采矿业等高危行业,而多数用人单位未健全农民工的工伤保险机制……可见新生代农民工社会保障的缺失难免使其陷入生存困境。

（二）新生代农民工的“发展型”问题

新生代农民工的价值诉求由生存层面向发展层面的转变,可以归结为“获得市民同等的社会地位”和“享有市民同等的权利资源”这两点。因此新生代农民工的发展性诉求与城市社会间的矛盾冲突就引发了一系列“发展型”问题的产生。

绝大多数在城市从业的新生代农民工都仅仅是城市的一个过客,难以形成融入城市的合理预期。他们的成长环境、生活消费方式和对农村的情感俨然不同于老一代农民工,他们从心理上并不认同自身的农民身份,表现出想要超越自身先赋身份的渴望,其成为城市主人翁的意愿非常强烈。然而,由于受限于户籍制度下的地域歧视,以及其自身整体偏低的文化技能水平,新生代农民工难以在城市立足并获得与市民同等的社会地位。因此,城市外来新生代农民工中许多人的生活游离在城市与农村之间,陷入了城乡双重边缘化的尴尬境地。

在城乡二元社会的转型过程中,二元户籍制度作为根本性制度障碍使得新生代农民工与市民的社会权利即工作权、居住权、社会保障权和受教育权也呈现出二元结构特征,新生代农民工在社会权利资源的获取上处于弱势地位。以新生代农民工子女的受教育权为例:对城市素质教育的向往促使大批新生代农民工子女涌入城市学校就读,其增长速度超出了城市公办学校的承受能力。教育资源的短缺导致很多公办学校在权衡生源质量等因素后难以完全敞开大门接受民工子女,新生代农民工作为城市弱势群体,其子女能够进入城市公办学校享受国家免费义务教育政策的只是少数。

社会权利和社会资源的弱势需要新生代农民工自身进行维护,但是碍于社会关系网络的狭隘和组织资源的匮乏,他们没有畅通的渠道以表心声。在实现从农村到城市的就业转移上,新生代农民工主要依赖其传统的亲缘和地缘的社会网络,进入城市后的交往对象也受职业所限。然而,只有组织化的群体力量才能更好的表达自己的诉求,才能够有充分的实力与既得利益进行博弈;也只有组织化的公民,才能使得公民权利行动有序。他们与社区、外界社会群体鲜有交流,自我组织化的意识也更为淡薄,在寻求帮助无果时制造群体的过激行为甚至暴动事件以泄愤，引发了潜在的社会隐患，已成为现行社会政策困境的一个重要成因。

新生代农民工的政治参与也受到其非市民身份的限制，导致他们在社会政策过程中的“缺席”和“被动”。在社会二元体制下，新生代农民工不得不以经济中的工人和社会中的农民这样的双重身份在城市生活，生活空间的狭隘使他们与政府之间的沟通和影响政策选择的力量微弱。虽然群体数量庞大但难以形成一股政治影响力使其参与到城市的管理和群体自身社会利益的保护中。城市居民的选举权与被选举权与他们无缘，政治的决策过程也没有代表他们利益的有力声音来影响社会政策的走向。新生代农民工长期被排斥在制度决策之外，一些为其谋利的社会政策也与该群体的实际诉求脱节。

（三）范式转型视域下的现行社会政策评析

新生代农民工作为联结中国城乡一体化发展的特殊纽带，其群体状况可认为是评判中国社会政策范式转型成功与否的一个重要抓手。在当前一体化范式的总政策思路下，实质上许多城市现行的流动人口政策的主要作用对象是新生代农民工群体，多数政策也是与他们的市民化倾向相关。因而我们特别关注这些社会政策的创新与局限性，以求发现一元化范式转型中的困境及其解决路径。

**1. 就业政策**

近年来，专门为进城农民工提供就业服务的“春风行动”在全国各地相继启动，许多外来人口大市在促进农民工就业的基础上，彻底取消了以前对外来农民工流动就业的户籍限制和企业用工中先城镇后农村、先本地后外地的歧视性规定，并对外来农民工与本地职工实行同工同酬，以切实保障农民工与其他劳动者平等享有劳动权利。如江苏的苏州、无锡等“移民”大市致力于扶持农民工创业以带动就业，积极开展创业培训与创业服务，并以家政服务、养老护理和病患陪护服务等从业人员为重点，针对其岗位的特殊要求，开展订单式培训、定向培训和在职培训，并通过工青妇组织定期举办家庭服务从业人员的技能竞赛，培育精英人才。

**2. 居住政策**

新生代农民工呈现出明显的“移民”倾向，但由于户籍禁锢难以彻底消解，多数人只是城市的“暂住人口”或“常住人口”。2010 年以来，苏南部分城市推行了居住证制度，一定程度上减轻了新生代农民工与城市居民的权益保障差距，也反映了政府将农民工积极纳入城市社会体系的事实。目前部分城市的“置房落户”政策虽已向农民工群体开放，可有限的经济能力和城市购房的潜在利益门槛搁置了新生代农民工的“市民梦”。另有一些城市采取积分制落户办法，优先考虑将农民工劳模、农民工高级技术人才等农民工优秀分子转变为市民，但对涉及全国1亿人以上的新生代农民工群体来说，这些政策的覆盖面极低，实施效果也只能是杯水车薪。

3. 教育政策

新生代农民工的主体分布在30岁左右，他们都面临或即将面临子女教育的问题。2003年，国务院办公厅转发的《关于进一步做好进城务工就业农民子女义务教育工作的意见》中已明确提出进城务工就业的农民工子女应接受以全日制公办中小学为主的义务教育。在应对农民工子女教育问题上，苏州面临着较大的困境并做出了积极的努力。苏州农民工工作领导小组在其2013年工作要点中提出要"努力实现公办学校吸纳农民工子女比例达75%的发展目标，加强外来人口子女学校管理，规范其办学行为，开展合格农民工子弟学校的达标复查工作"。据统计，苏州昆山市全市28所公办学校和11所民办"新昆山人"子女学校，共接纳2.4万"新昆山人"子女入学，没有一名农民工子女因就学难在昆山辍学。

4. 社会保障政策

在国家调整农民工社会政策的实践过程中，就整体而言，面向农民工群体的社会保障制度的建设仍较苍白，仅少数地区针对农民工的社会保险制度展开了积极的探索。以苏州为例，就业的新生代农民工中，53%没有参加苏州市任何社会保险。新生代农民工在苏州市制造业的就业比例非常高，占比60.30%，但工伤保险参保率只有52.45%；装修建筑业也吸纳有4.67%的就业人口，这一行业的从业人员工伤保险参保率更低，只有34.74%，远未达到《工伤保险条例》规定的全部参保要求。

## 四、社会政策范式转型的困境分析

纵观政府一系列城乡一体化政策的调控现状，当前新生代农民工城市生活的改善程度与真正完成市民身份的转变还存在很大差距。社会政策范式转型的理想与现实之间还存在着重重障碍。当"农民工"这一术语从中国大地上消失的时日也就是中国的社会政策范式从城乡分割的二元范式向城乡统筹一体化范式转型完成的时日。

### （一）社会政策改革的"碎片化"

现阶段的新生代农民工问题是一个包含了新生代农民工自身权益福利和城市政治、经济、文化的多元综合性问题。目前出台的针对新生代农民工的社会保护政策普遍存在涉及范围狭窄、不系统、不完整与应急性的特征，且在实施效果上也差强人意。“碎片化”的社会政策改革仅是解决新生代农民工在城市生活中遇到的一些困难，不足以帮助新生代农民工彻底融入城市社会。多年来，我国关于社会政策的学术研究与政策革新没有形成系统的理论框架和价值理念，对很多问题也是“头痛医头、脚痛医脚”地疲于应付，因此，当前的城乡一体化范式转型亟待对社会政策的战略性框架做总体设计与规划，构建一套完整的一元社会政策范式体系。

### （二）政府在利益分配中的两难抉择

根据“理性经济人”的假设，把中央与地方政府从整体上看作两个“经济人”，他们有着追逐各自最大利益的本质属性，因而在社会政策上就可能出现非合作博弈困境。政府从某种意义上来说是城市当地人的政府，不是城市外来人的政府。一方面，在社会资源稀缺的情况下，新生代农民工的大量涌入使得更多的主体参与到了社会资源的分配中来，原本只属于城市市民的教育资源、社会保障资源、土地资源等都受到了严峻的威胁，想要实现利益公平分配，势必影响城市居民的利益。因此，政府作为利益的主要分配者，在面对当地人和外来人利益的公平分配时陷入了两难抉择。另一方面，地方政府虽然是中央派出机构，中央政府的宏观政策也由地方政府具体代表实施，但在政策的实施中必然存在与当地民情民意不相符的情况。地方政府作为当地民众的利益代表，在执行中央下达的规范命令中难以把握自身角色。

### （三）社会组织与市民的助力不足

综合考量当前我国社会政策的制定与实施过程，其结果的好坏很大程度上取决于政府的责任承担，然而社会政策的践行离不开政策接受者的支持与积极响应。政府作为施政的单一主体，在政策的推进中与新生代农民工、企业雇主、市民等社会群体产生利益相悖时，就亟须社会组织外围的积极干预和市民的理解支持。其他国家的实践表明，社会第三部门的行动空间越大，社会群体影响政策选择的力量也会越强。然而，作为劳动者最主要、最有力的利益表达渠道，我国的工会组织在促进新生代农民工组织化方面尚不完善，在维权过程中也力不从心，更难以发挥其对企业和政府的监督职能。同时，政策的转型必然挑战了城市市民原有的价值理念与生活方式。市民在面对政策调整时的自我调整与适应是一个相当长的过程，这期间产生的排斥与不认同心理便作用在了新生代农民工群体身上，对其“新市民”身份的转变不是助力，反而是巨大的阻力。

## 五、推进城乡一体化社会政策范式的路径选择

改变长期形成的城乡二元社会政策结构,实现社会政策一体化已成为我国新一轮改革努力追寻的目标之一。要实现这个目标,笔者认为可以通过加强顶层设计、构建中央和地方政府的合作性博弈关系、社会政策主体多元化等路径来逐步缩小直至消灭城乡社会政策之间的差别,实现政策上的平等、体系上的互补和国民待遇上的均等化。

### (一)加强顶层战略设计,通过城乡政策之间"衔接"与"整合"促进一体化

原有的社会政策发展受城乡二元结构的影响较大,现有的政策设计仍沿袭了城乡分离的思路,身份二元化、碎片化特征明显。事实上,正如王春光所指出的那样,"需要进行社会政策战略性框架设计,建构社会政策的一元政策,现在到了全面、系统地改革我国社会政策体系的时候了"。实现社会政策一体化的关键是加强顶层设计,由于目前城乡居民、不同群体间实施着不同政策,而且不同政策间、制度间的待遇水平差距较大,因此我们需要分阶段,分步骤来进行。首先是加强两种政策之间的"衔接性",这是一个过渡阶段,主要是解决新生代农民工群体面临的现实问题;其次需要调整政策设计的理念,从实现城乡一体化的目标出发来构建社会政策的元政策,这是治本之策。

### (二)构建中央和地方政府的合作博弈关系,破除两难抉择困境

中央与地方政府在协调城市当地人与外来人利益上的两难抉择是非合作博弈困境的具体体现,而这种非合作的博弈也直接造成了资源的浪费、政策效率的低下,成为实现社会政策一体化、公共服务均等化的重要障碍,为此我们需要建立健全中央政府与地方政府的博弈规则,使非合作博弈转变为合作博弈。一方面要通过立法措施,制定配套的法律法规,引导中央与地方关系的调整,坚持法律调整的规范性与政策调整的灵活性相结合,只有法律调整与政策调整相结合,才能实现二元社会政策的有机统一;另一方面要完善中央与地方政府间的信息沟通机制,中央政府在制定政策时要充分考虑地方政府利益,通过信息沟通机制的建立使中央政府能够及时有效地了解地方政府的困难,只有这样才能使中央与地方政府间达到信息上的对称,保证合作博弈的形成。

### （三）转变政策理念，实现社会政策主体的多元化，为一体化提供更多支持

社会政策主体的改变正是世界各国的社会政策从最初阶段的高福利模式，到后来的新自由主义模式，再到后来的第三条道路模式的核心所在，也是世界社会政策演变在我国的具体表现。从我国的社会政策实践中不难发现，自20世纪末期以来，社会政策的主体正在转变为政府、市场、家庭、非营利组织、社区等多元社会主体，在这一多元系统当中，政府的作用就是形成一个政府主导的福利多元化的模式，形成一个不同系统共同发挥作用的制度框架。需要注意的是，在福利供应的过程中，必须首先理顺政府与市场、政府与公民的关系，进而加强政府与市场、与公民社会，包括企业以及非营利组织共同合作。社会政策主体的多元化在提高公民的福利水平的同时，也促进了社会政策从“二元到一元”的转型。

（梁君林：苏州大学社会学院教授）

# 适应·转型·融入
## ——苏南地区推进城镇化过程中三个重点问题的思考

宋言奇　杨婷婷

【摘要】 目前在苏南地区城镇化推进过程中,应重点关注三个问题,即农民适应集中居住问题,不同类型社区的转型问题和外来人口融入问题。苏南地区"三集中"的城镇化道路造成农民适应集中居住问题,其中包括行为适应与人际网络适应,为此应采取相关措施帮助农民进行适应。苏南地区城镇化进程引发社区转型,"传统社区"和"新型商品房社区"以及"村改居社区"各有特点,各有难题,因此应因地制宜地推进社区转型。苏南地区的城镇化与外来人口息息相关,外来人口有不同的需求,因此也应有的放矢地推动外来人口融入。

【关键词】 适应　转型　融入　苏南地区　城镇化

【基金项目】 江苏省高校"青蓝工程"中青年学术带头人资助项目;教育部人文社会科学重点基地苏州大学中国特色城镇化研究中心重大项目"苏南模式转型研究"。

苏南地区是我国经济最为发达的地区之一,城镇化水平也在全国名列前茅。苏州、无锡以及常州三市城镇化率均超过70%。按照城镇化的发展逻辑,苏南地区的城镇化进程目前已经进入"自我完善阶段"。相对我国大多数地区而言,苏南地区的城镇化推进过程中,在重视经济维度、空间维度等的同时,应更重视社会维度,即更加注重"人的城镇化",尤其应着重关注三个重点问题,即适应问题(农民适应集中居住问题)、转型问题(不同类型社区的转型问题)、融入问题(外来人口融入问题)。

### 一、农民适应集中居住问题

苏南地区城镇化的一个突出特色是"三集中",即农村工业项目向园区集中、农田向适度规模经营集中以及农民向新型社区集中。"三集中"使大量农民变为市民,住进了城市的现代化小区(集中居住小区)。这是苏南地区人多地少的特点所致,也是追求规模效益所求。但苏南地区的"三集中"是自上而下推动的,而且速度很快,这样就带来了农民如何适应集中居住的问题,其中包括行为适应与人际网络适应等。

首先是行为适应问题。空间的演变必然带来行为适应问题,这是一个环境心理学的难题。城镇化推进之前,农民习惯原来密度低与设施简单的空间,突然住进了与城市基本无异的密度高与设施复杂的空间,必然难以适应。尤其对一些上了岁数的农民来说,更是感到难以适应。由于难以适应新的空间,集中居住后,农民的行为就出现了两个问题:其一,“替代空间”的问题。农民的一些生活习惯,需要相应空间的支撑,如农民过去晒衣服与晒被,总习惯在相对开敞的空间进行。集中后,这种开敞空间不复存在。尽管集中居住区每家都设置阳台供晒衣物,但农民的生活习惯有一定的惯性——总要依靠以前的思维与方式考虑与处理问题,他们总在寻找以前的开敞空间。当这种空间找不到时,他们就会寻找相应的“替代品”。于是,公共草坪、树木甚至是路灯都成为这种开敞空间的“替代品”。农民的生活习惯是爱惜自己的东西,什么东西都不愿意丢弃,哪怕是已经用不到的东西,如以往的农具等。没有集中以前,这些东西有足够的堆放空间,集中后,堆放的空间明显不足。一些农民家里堆放不上,或者不舍得用家里有限的空间堆放物品,于是就寻求一些能够利用上的“替代空间”,如楼道口、楼外空地等,“见缝插针”地堆放物品,使得公共空间变得比较凌乱,也容易造成一定的安全隐患。集中前农民有“扎堆”的习惯,而“扎堆”需要一定的开敞空间作为支撑。目前一些新建社区中,除了公共草坪是较大的公共空间外,还缺乏一些像样的、有一定规模的公共空间,于是楼前以及楼角甚至草地等都成了“扎堆公共空间”的“替代空间”,也造成一定的空间混乱。以上几种“替代空间”的情况,使得社区的面貌与卫生大受影响。其二,破坏空间的问题。农民集中居住后,空间设施发生了变化,对于以前没有习惯的设施,居民的破坏行为明显增多,社区的一些基础设施,如路灯、防盗门、楼角、楼道等都易遭到一定程度的破坏。

其次是人际网络适应问题。农民在集中居住前生活在尺度不大的村庄中,处于“熟人社会”的圈子中。集中居住后,农民生活在新型社区中,尺度很大,部分社区与城市无异,农民处于“半熟人社会”的圈子中,人际关系必然发生变化,必然带来人际网络适应问题。笔者曾对173个样本进行问卷调查,结果如下:

- 有51.4%的农民认为集中居住后,自己人际网络的规模扩大了,感觉变小的农民只占19.7%;
- 56.1%的农民认为集中居住后,现在的朋友成分变化很大,12.7%的农民认为朋友成分变化不大;

• 26.6%的农民认为集中居住后，自己和以前村落邻居、朋友"联系如初"，42.2%的农民认为"联系得不如以前多"，24.9%的农民认为"很多都不怎么联系了"；

• 12.7%的农民认为集中居住后，自己从关系网络中获取的帮助和支持没有什么变化，23.1%的农民认为自己从人际关系网络中获取的帮助和支持比集中居住前要多，而48.6%的农民认为自己从人际关系网络中获取的帮助和支持比集中居住前要少。

可见，集中居住导致了农民人际网络的变迁。尽管农民认识以及交往的人增多了，交往对象更"杂"了，但是作为"代价"，农民与原来的邻居和朋友联系变弱，社会支持反而下降。

对于农民行为适应问题，笔者认为：其一，要加强空间关怀。为了让农民能够适应新空间，应在空间设置方面推出了人性化的做法。在昆山、太仓等地的一些社区中，笔者发现了人性化的案例：部分社区一楼没有设计住户，而是形成一个封闭的大空间，这是为照顾农民原有的生活方式而设置的。过去在农村，"红白事"需要大伙帮忙，要求有较大的空间。集中居住后，由于条件不允许，这种空间不复存在，使农民产生失落感。一楼封闭的大空间一定程度上弥补了这种缺憾，使农民心理得到缓冲。遇到"红白事"，这个空间就租给居民，满足他们聚会的需要。如果将来居民生活方式完全"市民化"了，这个空间可以改为娱乐或者体育用途，也不浪费。这种做法值得推广。其二，要进行信息公开。为了让农民未雨绸缪，及早做好准备，适应未来的空间，在农民集中居住之前，就要积极做好信息公开工作。公开的信息有：为什么集中？在什么地方集中？怎样集中？应做好哪些准备？信息公开能给农民一个缓冲与准备时间，对于农民适应未来的空间大有裨益。其三，要科学预留空间。为了更好地使农民适应新的空间，也为以后更好地满足居民的需求，还要做足预留空间"文章"。如可以留出一些空间先发展生态农业，待将来需要之时，再赋予土地合适的用途。

对于人际网络适应问题，笔者认为：其一，开展有针对性的活动推动人际交往。街道与居委会应发挥主体作用，通过举办一些有意义的活动，在集中居住区推动人际交流，建设和谐社区。例如举办一些针对儿童的娱乐活动，这样的活动不仅对小孩子有好处，还可以"小手牵大手"，带动成人之间的交流与互动。再例如街道与居委会可以在相关社区开展"邻里旧货互换"活动，社区居民把家里的旧物以及闲置物进行交换。由于闲置物品是对资源的一种浪费，因此这种活动不仅可以协调邻里关系，激活与创造良好的人文环境，同时还可以保护生态环境，可谓一举两得。另外,街道与居委会还可以根据居民兴趣、爱好等,组织一些针对性的活动,例如养花、体育运动、老年人健身等,吸引相同类型的人参与,使他们在共同的爱好与兴趣中相识与相知。其二,通过文化建设整合社区人际网络。社区人际网络的整合离不开文化建设,文化是整合人际关系的"凝固剂",共同的文化可以使人们的交流有共同的话题。可以通过开展一些文化方面的活动,丰富集中居住社区的文化生活,同时又可以带动人们的交流与互动。特别值得注意的是,集中居住后,有些居民成天无所事事,精神空虚。为此,街道与居委会应积极促导居民成立各种文化小组,开展相关文化活动。为了推进相关活动,街道与居委会应给予场地与设施支持。为了进一步鼓励用文化带动交流,还可以鼓励集中居住社区与其他类型社区形成"社区联盟",在文化上互通有无,取长补短,不仅可以丰富文化生活,更可以带动人际关系的发展。其三,通过一些空间安排促进人际网络拓展。苏南地区已有相关经验。例如在推进集中居住过程中,苏州不少社区不是以原村落为基础安置居民,而是以"抓阄"随机分配住所,安置集中各个村落居民。这样做,一方面保证了住房分配的公平性问题,另一方面也无形中促进了农民人际网络的拓展。因为这样的分配打乱了原来邻里的配置,使农民更有可能与其他村村民成为邻里,增加了交流与互动机会。

## 二、不同类型社区的转型问题

城镇化是一个地域过程与人口过程,对社区发展有着重要影响。在城镇化大潮影响下,苏南地区出现了不少"村改居社区"(由农村社区向城市社区转变的社区),大量涌现"新型商品房社区"(2000年后新建的社区)。而既有的"传统社区"(20世纪80、90年代甚至更早以前所建社区)也发生了变化。这些社区都面临转型问题。

"传统社区"的特点是:其一,历史悠久。不少"传统社区"是在计划经济体制下由单位职工福利分房以及社会福利分房基础上形成的,建筑时间较早,历史相对悠久。其二,社会资本相对雄厚。一部分在单位分房基础上形成的"传统社区"有着很高的"业缘性",生活在其中的居民很多是同一单位的职工,有共同的生活背景、相近的价值观以及部分重叠的社会网络。"业缘性"叠加"地缘性",居民之间的熟识度较高,居民的归属感较强,群体凝聚力较大。尽管居民的对外社会关系网络并不发达,但内部社会关系网络比较紧密,社会资本比较雄厚。另外一部分不是在单位分房基础上形成的"传统社区",居民在一起同住几十年,之间也有着深厚的感情,人际关系比较融洽。其三,弱势群体相对较多。很多"传统社区"

是企业离退休人员、下岗失业工人、低收入家庭、困难人员的“四难人群”聚集地，老龄化、残疾人等比例较高。

“传统社区”面临的主要问题有：其一，设施问题。“传统社区”成立的时间较早，受当时建筑条件与建筑技术的限制，再加上历时较长久等原因，导致建筑质量不高、基础设施不完善。目前，这些社区普遍存在屋顶渗漏、围墙失修、道路破损、绿化缺损、居民活动场地缺乏等问题。其二，贫困问题。整体上来说，“老新村社区”居民整体收入偏低，贫困问题比较严重，低保户较多。在城镇化进程中，传统社区需要转型，转型的重点在于增强“造血功能”，实现可持续发展。

“新型商品房社区”的特点是：其一，基础设施相对完善。近些年来新建的“新型商品房社区”无论是房屋质量、基础设施还是社区环境，都比“传统社区”好很多。其二，居民阶层地位较高。大多数“新型商品房社区”的居民具有一定经济实力和文化水平，他们对社区服务的需求层次相对较高，需求内容更加多样化，维权意识也较强。其三，社会资本不足。“新型商品房社区”基本上是一个“陌生人社会”，由于社区居民来自不同地域，社区成立时间比较短，居民相互之间大都不认识，加上居民之间注重隐私，缺少交往，因此邻里关系冷漠。

“新型商品房社区”面临的问题相对简单，就是居民参与严重不足，居民对社区缺乏归属感。“新型商品房社区”的居民很多是“白领”，有着自己的事业，社区对于他们而言，仅仅是个“地理名词”，而不是“情感名词”。他们大多对社区事务不感兴趣，也无暇参与社区事务。这样除了老年人之外，在“新型商品房社区”中，社区参与是严重不足的。在城镇化进程中，“新型商品房社区”需要转型，转型的重点在于增强社会资本。

“村改居社区”的特点是：其一，“半熟人社会”。与“传统社区”“熟人社会”以及“新型商品房社区”“陌生人社会”不同的是，“村改居社区”是“半熟人社会”。“村改居社区”由各个村庄迁移合并以及村民集中居住而成，人们之间相识但不熟识，交往不是“全面化”与“人格化”的，但也不是“片面化”与“匿名性”的，而是处于二者之间，呈“半全面化”与“半匿名性”状态。其二，不少社区有自己的经济支撑。“村改居社区”不同于纯粹的城市社区，它有自己的集体资产实体作为经济支撑。在“村改居”之前，很多农村社区就有一定的集体资产。村合并改居后，村集体资产也被合并，以股份合作社的形式，进行资本化运作，促进集体经济的可持续发展。集体经济发展了，社区各项事业的建设也就有了经济上的支持与保障。

“村改居社区”面临的问题主要有：其一，区容环境卫生问题。当前在“村改居社区”中，社区环境卫生问题普遍比较严重，突出的表现在基础设施被破坏、空间滥用比较严重、垃圾乱扔乱排等方面。居民习惯传统的农村生活方式，空间突然变化，但他们原有的生活习惯不可能一下子转变，因此居民对空间出现了不适应，导致区容环境卫生问题的增多。另外，区容环境卫生情况的不容乐观，与外来流动人口较多也有着密切的关系。与本地人口相比，外来流动人口对社区的归属感更差，因此维护社区环境卫生的自觉性相对比较低。其二，外来人口问题。当前，苏南地区“村改居社区”吸引了大量的外来流动人口。原因在于：①“村改居”小区一般都位于城乡结合部，区位条件相对较差，对于外来打工人员而言，租金相对较低；②苏州城乡结合部工厂较多，离“村改居社区”比较近，方便打工者租住；③“村改居社区”是农民拆迁后形成的，之前都进行拆迁补偿，由于居民原居住面积比较大，因此住房补偿面积也比较大，很多拆迁户可以得到两套以上的住房，把多余的一套或者几间住房出租出去，是许多“村改居社区”居民谋生的重要方式，但这样一来导致外来流动人口的大量涌入。由于外来流动人口与本地居民在生活习惯、语言以及文化上存在差异，二者之间往往会产生矛盾，由此也容易引发一些治安问题与环境问题。其三，社区服务相对薄弱问题。与城市拥有相对完善的社区服务体系相比，“村改居社区”则相形见绌。在很多“村改居社区”中，部分社区服务还由社区本身提供，缺乏市场化机制。其四，历史遗留问题。不少“村改居社区”都有历史遗留问题，比较突出的表现在集体资产方面。由于“村改居社区”一般由几个村庄合并而成，各个村庄都有自己的集体资产，“改居”后集体资产合并，涉及如何“分红”的问题。如果合并集体资产平均“分红”，会引起原集体资产较多的村庄村民的不满；如果合并集体资产按原有各村的存量分红，会引起原集体资产较少的村庄村民的不满，同时使得集体资产合并毫无社会意义。在城镇化进程中，“村改居社区”需要转型，转型的重点在于保留一些合理“历史因素”的情况下，向城市社区过渡。

在城镇化的大潮中，苏南地区必须针对不同的社区类型，有的放矢地开展工作，促进社区转型。

对于“传统社区”，要做好三个方面的工作：一是改善居住环境。二是注入外部资源，比如利用辖区单位“结对子”以及志愿者队伍，有针对性地对社区弱势群体进行帮助。各级政府部门如民政、卫生、劳动与社会保障、工商等部门也要对社区予以大力扶持，如针对社区开办的各种服务（像托老所、便民服务店等），给予政策与资金支持，并减免税收等。三是发挥社会资本的优势。针对“传统社区”的特点，鼓励社区利用社会资本与邻里关系开展工作，如政府鼓励居委会利用自身的资源，为社区居民解决一些非正规就业，鼓励社区利用社会资本优势，开展一些自助服务（如在养老方面的自助服务、社区志愿者服务等）。

对于“新型商品房社区”，要通过加强社区业主委员会等组织建设以及开展相关活动等，提高居民参与意识，培育社会资本。

对于“村改居社区”，要做好以下工作：一是妥善处理历史遗留问题。例如在集体经济壮大的过程中，将“增长部分”适当向原资产较少的村庄村民倾斜，政府给予一定的补贴，扩大原资产较少村庄村民集体资产的“基数”，逐步弥补“落差”，这样既不损害集体资产较多的村庄居民的利益，又逐步缩小了集体资产的差别。二是加强社区服务。改善“村改居社区”的社区服务，可以采取“两手”办法。一方面，逐渐将部分社区服务如环境卫生服务等纳入城市社区体制；另一方面，对于另外一些社区服务，如养老服务、治安服务等，采取相关政策，引导低偿、有偿的经营性服务，使社区服务向政府办、社会办、个人办、合资办、股份合作办等多样化转变。三是吸引外来人口参与。通过一些活动，加速外来流动人口融入社区的进程；适当吸收外来流动人口参与社区管理，使他们逐步享受同等待遇；挖掘外来流动人口的自身潜力，积极鼓励外来流动人口建立协会，推动其“自我组织”与“自我管理”，实施“以外管外”，政府与居委会可予以一定的人、财、物支持。

## 三、外来人口融入问题

苏南地区是我国经济发达地区之一，同时也是外来人口集中的地区之一，2012 年，仅苏州就有 600 多万外来人口，与本地人口持平，而苏南三市共有外来人口超过千万。在这种情况下，苏南地区城镇化的推进不能秉承“独善其身”的思维，要正视外来人口融入问题，因为外来人口融入本身就是苏南地区城镇化的一个重要方面（其中部分人最终要落户苏南地区），同时也与苏南地区城镇化的质量是息息相关的（外来人口影响着城市的治安、环境等）。

大体上讲，苏南地区外来人口可分为“五老群体”，即“老外（外国人）群体”、“老板（经营者阶层）群体”、“老师（白领）群体”、“老妈（外来白领的父母）群体”、“老乡（农民工）群体”。苏南地区各级政府高度重视外来人口的融入问题，推出了很多举措。例如，对于“老外群体”，苏南地区出台了生活待遇的制度规范，为各类国外人才在居留、出入境、落户、医疗、保险、住房、税收、通关、子女入学等方面提供最优服务。对于“老板群体”，苏南地区积极扶持民营经济的发展，推出了很多优惠政策。对于“老师群体”，苏南地区从多方面关心他们的生活，如针对部分白领，推出了“优租房”，为他们提供环境优美、设施齐全以及价格低廉的居住条件。

对于“老妈群体”，苏南地区给予他们与本地老年人一样的“同城待遇”。“老乡群体”是最弱势的群体，对于“老乡群体”，苏南地区的扶持力度更大，苏南三市在促进农民工就业、改善农民工住房、完善农民工社会保障、解决农民工随迁子女义务教育、推动农民工“同城待遇”等方面有很多帮扶措施，值得称道。

笔者认为，在现有成就的基础上，苏南地区还可以进一步推动外来人口的融入。其一，按群体特点有针对性地推进融入。在融入苏南地区过程中，五个群体的需求是各不相同的。“老外群体”的需求更多偏重文化与娱乐方面，“老板群体”的需求更多偏重创业与守业方面，“老师群体”的需求更多偏重精神激励与人际网络拓展方面，“老妈群体”的需求更多偏重精神文化方面，“老乡群体”比较特殊，年老一些的“老乡”对基本物质需求以及收入看得比较重，而年轻一些的“老乡”，不仅追求物质生活与待遇，而且注重精神文化。所以在推进融入过程中，要根据不同群体的特点，循序展开，避免“一刀切”。

其二，发挥社会合力。外来人口融入是一个极为复杂的社会工程，不能仅仅依赖政府，还需要城市社会方方面面的努力。融入不仅包括经济与物质的融入，还包括情感与文化的融入；不仅包括地域与职业的转变，还包括观念的转变。因此不仅需要政府的推动，还需要社会的配合，甚至在某些领域，社会力量应发挥主要作用。在外来人口融入方面，苏南地区各级政府已经通过自身的努力，创造出“包容性政府”的形象，在外来人口中“口碑”颇佳。但是相比政府的“大有作为”，利用社会力量推动外来人口融入的潜力远远没能发挥出来，还有很大的空间。今后还需要苏南地区社会层面的积极努力，共同创造“包容性社会”。

其三，提高组织化程度。人们能够通过组织获得必要的社会支持，组织是人们立足社会并且获得个人发展的基础。当前在苏南地区，外来人口组织化程度比较低，尤其是“老乡群体”。很多“老乡”既没有积极融入到城市的各类组织中，也没有建立自己的组织。因此一旦权益受到侵害，他们就没有办法依靠组织来维护自己的合法权益。特别是由于“老乡群体”分散在城市中，他们的诉求也因缺乏组织而无法得到聚集，从而失去整体“话语权”。因此，提高“老乡群体”的组织化程度有助于壮大其力量，提出群体诉求，有利于其更好地融入城市。苏南各级政府应给予“老乡群体”各项配套的政策或制度支持，帮助他们进行组织建设，使其“自我服务”“自我教育”和“自我管理”。具体而言，根据苏南地区“老乡群体”人数众多、工作分散、流动性大的特点，目前可以因地制宜、因企制宜地创新工会组建形式。比如在“老乡”相对集中的建筑施工企业，可以组建以工程项目工会为主体的工会联合会；在小型的非公有制单位，可以建立楼宇工会、市场工会以及区域性和行业性工会。社区也应积极鼓励“老乡”以兴趣、爱好、利益以及地域为基础，成立各种协会，更好地丰富他们的社会生活、拓展他们的人际网络、维护他们的合法权益。

其四，加大对“老乡群体”的扶持力度。“老乡群体”是外来人口中最弱势的群体，最需要扶持。对于“老乡群体”的扶持，我国很多城市积极探索，取得了一些成就。例如在改善农民工住房方面，重庆推出了农民工经济租用房；在农民工社会保障方面，宁波推出了农民工“社保套餐”，上海市推行农民工“综保”并轨“城保”；在农民工子女教育方面，陕西允许农民工随迁子女就地中考……

苏南地区是我国经济最为发达的地区之一，同时也是我国社会事业发展走在前列的区域，素以“敢为天下先”而闻名于世。在扶持“老乡群体”方面，苏南地区的一些做法，如农民工集宿区建设等引领全国。今后苏南地区还应在推动“老乡群体”融入方面再接再厉，积极探索，争取创造更多的“亮点”。不仅给“老乡群体”创造福祉，也可以为苏南三市树立更好的口碑，增值城市“无形资产”。

（宋言奇：苏州大学中国特色城镇化研究中心副主任、苏州大学社会学院教授；杨婷婷：苏州大学社会学院硕士研究生）

# 城乡一体化背景下的苏南经济发达镇行政管理体制改革探析

叶战备

【摘要】 苏南经济发达镇行政管理体制改革秉持"扩权、明责、让利,强体、便民、增效"这一基本思路,通过下放经社管理权限,调整财政管理体制,改革人事管理方式,创新机构编制管理,优化窗口服务流程的基本做法,取得了一系列的基本成效,主要表现在职权顺畅,权责相适;效率提高,成本降低;边际递增,效益提升;经济利好,财政增收;社会稳定,民生改善。与此同时,获得了一些进一步推进改革的基本经验,即上下联动,统筹规划,衔接有序;条块重构,扩权为先,顺权为重;惠泽民生,技术先导,便民服务;勇于探索,机构重组,规范创新。

【关键词】 城乡一体化 苏南 经济发达镇 行政管理体制改革

【基金项目】 教育部人文社会科学重点研究基地苏州大学中国特色城镇化研究中心资助课题。

从某种意义上来说,苏南经济发达镇是新型城镇化的典范。即便如此,在城乡一体化的大背景下,苏南经济发达镇行政管理体制仍需面对三个方面的挑战:一是城乡一体化公共服务供给的挑战。经济发达镇政府必须把公共服务放在首要位置,要克服城乡公共服务供给的差异化、分割化。二是城乡一体化公共管理的挑战。推进经济发达镇政府"大部门制"改革,克服城乡公共管理的职能交叉、多头管理、条块分割困境。三是城乡区域一体化发展的挑战。扩大镇域发展自主权,要克服经济发达镇在区域发展中的"车大马小""脚大鞋小"的问题。随着我国城镇化进程的快速推进,部分乡镇经济迅速发展,这一系列的挑战与问题也迅速成为我国行政管理体制改革实践及理论研究的热点和重点。

## 一、经济发达镇的内涵

何为经济发达镇?经济发达镇的度是什么?下面我们结合调研试点镇的有关数据来进行阐述。

我们对苏州市5个试点镇进行了调研。这5个试点镇分别为吴江区盛泽镇（国家级）、昆山市张浦镇（国家级）、张家港市凤凰镇、太仓市沙溪镇、常熟市梅李镇。各试点镇自然、社会、经济情况的数据如表1。

**表1　试点镇综合数据统计表（2011年统计数据）**

| 单位 | 总面积（平方公里） | 社区居委会数（个） | 行政村数（个） | GDP（亿） | GDP占所属县市比（%） | 全口径财政收入（亿） | 公共财政预算收入（亿） | 常住人口数（万） | 户籍人口数（万） |
| --- | --- | --- | --- | --- | --- | --- | --- | --- | --- |
| 盛泽 | 150 | 8 | 35 | 302.5 | 22.6 | 46.04 | 20.05 | 30 | 13.3 |
| 张浦 | 109.04 | 9 | 16 | 125 | 6.66 | 31.43 | 10.56 | 20.82 | 6.96 |
| 凤凰 | 78.77 | 3 | 15 | 105.2 | 5.13 | 13.58 | 5.47 | 10.36 | 6.61 |
| 梅李 | 80.8 | 3 | 15 | 107.8 | 5.72 | 10.02 | 3.81 | 10.28 | 8.0 |
| 沙溪 | 132.4 | 8 | 20 | 115 | 12 | 9.79 | 4.19 | 12 | 8.5 |

由表1中数据我们不难发现这5个试点镇普遍具有辖区面积大、人口规模大、经济总量大、人均GDP绝对值及占所属县市的比例高（除城关镇外）等几个特点。通过调研我们也发现，各发达镇的产业特征鲜明、产业集聚度较高，如盛泽镇的丝绸纺织业、张浦镇的电子和模具制造业、凤凰镇的精细化工和现代农业等，都具备较大规模和较高的集聚度。因此，我们认为：经济发达镇是指具有一定规模人口，工业化、城镇化水平高，公共财政及人均收入处于较高水平，属于当地行政、经济和文化副中心，对周边具有一定的辐射影响，并引领区域产业、文化、生态发展走向的新型城市群。经济发达镇可以通过以下几个度来判断：

① 综合实力强，居民生活水平较高。经济发达镇基本都是本地经济发展的领头羊，经济总量规模较大，苏南地区经济发达镇的GDP普遍能够达到几十亿元甚至上百亿元。这些镇的产业发达，农村转移就业人口多，农业人口已基本实现市民化，工资收入和财产性收入增长很快，其生活水平比周边地区高出很多。

② 人口规模大，流动人口集聚水平较高。经济发达镇的产业规模决定其集聚了大量的劳动人口，形成了密集的人口区域群。在这些数量巨大的人口群中，外来人口群往往占了很大一部分，而且流动人口群的规模会随着产业的兴衰而变化。例如盛泽镇的常住人口30万，户籍人口才13.3万，外来流动人口多达16.7万人，已大大超过了本地人口数。"人口红利"是这些镇发展的源泉。

③ 产业布局优，经济发展整体水平较高。经济发达镇由于具有区位优势、资源优势和发展潜力，在准确定位自身功能和特色的基础上实现了主导产业的快速发展。其中，有的镇是发展与中心城市园区和大型重点企业相配套的现代制造

业，有的镇是发展就业带动力强的服务业和都市型工业乃至总部经济，还有的镇以特色生态、旅游和文化资源为载体，发展以旅游休闲、文化创意、生态农业为主的乡村绿色旅游。经济发达镇的主导产业都是高于农业产业形态的高端产业。

④ 城镇建设快，公共基础设施水平较高。由于在经济社会发展方面先行一步，经济发达镇在基础设施建设方面也进入了快速发展阶段。无论是道路、供排水设施、电力、燃气、通讯等管线管网设施，还是基层卫生、文化、体育等公共服务设施，其规模、类型、水平都要远远高于周边乡镇。

⑤ 协调发展好，区域辐射带动水平较高。我们调研的试点镇经济总量占所属县市的比重普遍较高，经济发展迅猛，工业化水平、城镇化水平和产业规模都超过周边乡镇，其辖区内的很多产业均处于领跑水平，经济发展与文化建设、社会建设、生态建设相对比较协调，对周边镇村经济发展、产业链配套、基础设施建设等均起到了集聚辐射和带动联动效应，在促进区域经济社会中具有较强的引领和推动作用。

江苏省已经进入了数字化城市的发展阶段，也是培育、形成城乡经济社会一体化新格局的关键窗口期。地处城乡之间的经济发达镇既可以成为城乡之间、工农之间联系的纽带，也是城乡要素资源双向流动的一个重要枢纽。经济发达镇肩负着城乡统筹发展和新农村建设的责任，是我省城市化过程中统筹城乡经济社会发展的战略节点，是产业集聚集约发展的新增长极，也是实现城乡基本公共服务均等化的重要载体。

经济发达镇的出现，改变了传统县域经济发展的单一格局，使县域经济的发展呈现出多元态势，对区域城市空间结构的形成和发展有着重要影响。随着城镇化的不断推进，经济发达镇在区域城市发展中的辐射和带动作用不断增强。经济发达镇的兴起是产业发展和要素聚集的自然过程，符合社会主义市场经济发展的方向，也符合城镇化建设的总体战略。

## 二、原有行政管理体制对发达镇的掣肘

现行乡镇行政管理体制是改革开放初期建立的。随着镇级经济的发展、多镇合并、人口集聚、产业提升，传统乡镇行政管理体制在基建、户籍、土地、财税资金、行政服务、综合执法等方面无法全面适应行政管理要求，使得经济发达镇在“责任大、权力小、功能弱”的环境中运行，制约了经济社会的发展和管理。这种制约，我们归纳为以下四个方面：

制约之一，管理体制上的“车大马小”。伴随城市化战略的快速推进，一些乡

镇经济快速发展，人口急剧增长，在社会管理和公共服务方面出现了许多新情况与新问题，影响和制约了经济发达镇的经济社会建设的进一步发展。在管理范围上，因经济发达镇往往由原先几个乡镇合并而成，社会管理面比原来扩大几倍，而管理机制仍然沿袭原有的模式，管理队伍的建设滞后于社会管理半径的延伸，使得镇域的社会管控压力明显增大。在管理职责上，随着城镇化步伐不断加快，原先偏重于农业经济、工业经济为主的管理职能逐步弱化，而发展新兴产业、推进现代城镇建设、加强社会管理、加强生态建设、改善和发展民生、促进社会和谐等方面的任务日益繁重，原有的管理职能与内容已不能有效统领和覆盖发展中出现的新情况及新问题，需要有合理科学的管理体制及其相应职能进行弥补和完善。在管理人才上，一方面经济发达镇的管理服务职能不断细化，需要不断充实和吸收人才特别是高层次人才；另一方面，由于建制规格、管理幅度、发展空间的局限性，镇级机构对优秀人才的吸引力相对偏弱，一些优秀人才即使招得进来也不易留住。

制约之二，机构配置上的“大人穿小衣”。《宪法》和《组织法》对乡镇政府职能作规定，一些行政法规、部门规章、地方性法规对乡镇政府职能也进行了补充规定。这是就全国普遍乡镇而言的。而江苏目前的现状是，经济发达镇大都毗邻大中城市，其经济总量、产业规模、人口规模、城镇规模都超过了内地一些县级市甚至地级市水平，经济社会管理职能已不亚于一个中等城市。随着城镇化和现代化进程的持续推进，发达镇的管理领域又在不断扩大和细化，其所承担的管理职能与原有的管理机构普遍存在“大人穿小衣”的不对称现象，束缚了发达镇发展能量的进一步释放和发展能级的进一步提升。此外，由于各级政府之间普遍存在着组织架构上的趋同性，经济发达镇政府在内部结构设置、组织行为上都受到了上级政府和周边乡镇的影响。这种体制设置又使得经济发达镇政府在机构与职能设置上缺乏自主性，缺乏符合自身发展的特色性体制设计，亟需创新体制机制，建立相应的建制机构和建制层级，理顺职责关系，为发达镇履职尽责搭建舞台、增添“正能量”。

制约之三，权限关系上的“线强块弱”。上下级政府在机构设计上保持相对一致是中央集权的体制体现，也是计划经济体制的必然产物。“条块”关系致使经济发达镇权力不完整，上级分割并削弱了镇级政府管理本区域事务的权力和能力，镇级政府缺乏统一、集中的权力来履行职责。目前，税务、工商、规划、土地、交通、安监、公安、法检等部门都实行垂直管理，更加剧了乡镇块上自主权小、调控力弱的状况。镇级政府工作的综合性，客观上需要各级职能部门的配合，但独立的“条条”利益使得各项工作协调困难，运行成本增大。财权与事权不一致的矛盾尤为突出。从 1994 年开始，我国建立了以分税制为框架的财税制度，但这一制度只实行到县，县级政府对镇级政府实行的是统收统支的财政体制。由于乡镇和县之间的财税分成不平衡，尽管部分经济发达镇的财政收入已经达到几十亿元，但是其中的绝大部分要上交到县，而县在下拨时往往立足于整个县域的综合考虑，这样就使经济发达镇自身可支配能力收入偏低。这不仅制约了发达镇重大基础设施的建设和社会公益事业发展的需求，而且限制了发达镇自我增长机制的形成完善和经济社会的持续稳定发展。权责不一的矛盾也比较突出。发达镇因体量大，承担了县域范围内较多的公共服务和社会管理任务，但执法管理权却在县级，比如食品卫生监管、安全生产监管等。一旦出现重大事故，责任追究到政府，镇级政府会因没有合法的管理手段而“替人挨过”。

制约之四，公共服务上的“能力滞后”。加强社会管理和公共服务，造福于民，是乡镇政府职责所在。按照公共财政的要求框定政府职责，让乡镇政府从生产经营活动中退出，从根本上消除乡镇政府包揽过多、干预过多的格局，使乡镇干部集中精力为广大农民提供更多公共服务，提供更多的行政、科技、教育、医疗、卫生、体育、文化、娱乐等基本公共产品是现代新型乡镇发展的阶段性目标。而现阶段，乡镇政府，特别是经济发达镇政府职能存在的问题主要表现在以下几点：一是政府职能与全面履职要求不能完全适应。经济发展、社会管理和公共服务是乡镇政府职能的有机整体。而在目前，许多发达镇对于经济发展相当重视，而对发展社会事业和提供公共服务却往往不够重视，结果是镇级公共产品短缺，社会事业发展和社会公共服务滞后于经济的发展。二是政府职能与社会管理要求不能完全适应。在经济发达镇发展经济的过程中，政府通过直接参与微观经济活动，促进了区域经济的发展，经济发达镇政府将自己作为市场主体，直接参与、经营微观经济活动，忙于实体建设。随着经济发达镇市场化、工业化、城镇化的推进，社会经济环境发生了深刻变化。一方面，农村社会经济成分、组织形式、就业方式、利益关系和分配方式等日益多样化，农村社会管理方面出现了一系列新需求；另一方面，农村经济和社会发展不协调的问题已经显现。现行的社会管理体制、机制不能很好地适应转型期农村社会管理服务的需要。三是政府职能与法治建设要求不能完全适应。发展社会主义民主政治是全面建设小康社会的重要目标，在经济社会转型发展的新阶段，需要更高要求的基层政府民主行政和依法行政，更好地服务基层、服务群众。但在处理政府履职与法治建设的关系中，也不同程度地存在着有法不依、执法不严、违法不究的现象，一些乡镇干部法治观念仍然比较淡薄,依法行政的能力和水平也不高。这也是经济发达镇在推进行政管理体制改革、更好履行政府职责时所必须面对的问题。

通过以上制约因素的分析,我们可以得出这样的结论:一是原有的行政管理体制已不能完全适应江苏经济发达镇持续快速健康发展的需要。二是根据经济基础决定上层建筑的关系,在镇域经济进入“发达”或“相对发达”阶段,推进镇级政府行政管理体制改革势在必行,也是必定要经过的过程。三是江苏作为全国经济大省和率先向基本实现现代化迈进的地区,更有必要在发达镇行政管理体制上加大改革创新力度,走出一条既符合改革趋势又符合发展需要的创新之路。

## 三、经济发达镇行政管理体制改革的实践与创新

经过3年的努力,苏南地区经济发达镇在试点的实践中,围绕“强镇”不放松,突重点,各项改革顺利推进。第一,以扩权强镇为重点,推进权力下放和承接。针对经济发达镇有近千项事项需要上级审批,程序繁琐,效率低,本次改革贯彻扩权强镇思路,按照权责一致、能放即放的原则,赋予试点镇县级经济社会管理权限,增强试点镇发展的内生动力。同时,在试点镇权力承接工作方面做到“四个落实”,即落实组织领导、落实方案部署、落实稽查考核、落实责任到位,全方位确保权力下放和承接无缝化。第二,以简政强镇为重点,推进政府机构改革。苏南地区经济发达镇在探索行政机构改革方面,着力探索建立新型基层政府管理架构,总体要求实现综合扁平化,即按照机构设置综合、管理扁平高效、人员编制精干、运行机制灵活的要求,优化试点镇的组织结构,镇级政府职能机构设置在10个以内,镇所属事业单位机构不实际运转,人员由机关和事业单位统筹使用。各改革试点镇力以“小、精、强”的政府组织机构取代传统的“大、全、弱”的乡镇政府组织机构。第三,以优员强镇为重点,推进人事制度改革。本次改革,各经济发达镇高度重视人才资源的开发和利用,加强基层行政管理人员的优化,对人员实行统一使用、分类管理,确保拥有一支符合城乡统筹发展需求的、以服务为导向的队伍。第四,以增效强镇为重点,推进管理机制和流程的优化创新。试点镇在试行新体制的同时,积极探索建立与之相应的工作机制和运行机制,包括内部各部门之间协调机制、与上级有关部门的协商机制和相关监督机制等。同时,健全县(市、区)镇两级协调运转的工作机制,以求实现职能部门与试点镇之间的工作衔接。到2012年年底,苏南已全部按省下发的《改革方案》进行了改革推进,大部分乡镇已完成《实施方案》的制定,苏州市5个省级以上发达镇已全部实施到位,机构设置、机构职能、领导职数、人员编制等内容已全部确定,扁平高效的新型的镇级政府已

开始试运行。

已经实施改革或正在进行改革的发达镇不同程度地取得了一些进展和成效：

一是条线权力下放到位，综合执法功能稳步提升。本次改革，按照能放就放的原则，多项条线管理权限下放到位，如昆山张浦镇下放665项，张家港凤凰镇下放401项，吴江盛泽镇下放320项，全省20个试点镇共下放权限近5000项，每镇平均近250项。县级政府下放给试点镇的权力主要有经济社会管理类以及公共服务类两大类，包括城建、管理和服务相关的各项县级审批权、许可权、处罚权等行政权力。这两大类别的执法权和行政审批权力的下放，实现了"赋予经济发达镇部分县级经济社会管理权限"的要求，增强了基层政府的办事能力。江苏本轮经济发达镇改革试点中，按照"一级政府、一级财政"的原则，有针对性地扩大镇级政府财政自主权，探索建立完善财税共享激励机制和财政转移支付机制，如苏州实行"分类管理、核定基数、超收分成、专项奖励"的财政管理体制，同时对发达镇重点项目、基础设施和重要社会事业功能设施给予重点扶持。这些财政改革举措为试点镇后续发展提供了动力。在权力承接载体设置上，江苏还统一部署经济发达镇综合执法局的机构设置，有效承接和组合相关执法权限，解决多头执法、重复执法的难题，优化执法方式，实现相关执法工作有效有序进行。

二是公共服务扩面提质，"窗口"效应初步显现。江苏经济发达镇行政体制改革的基本目标是以服务型政府统领各项政府改革、探索建立有利于统筹城乡发展的新型行政管理体制，因而公共服务导向是改革的根本落脚点和归宿。经济发达镇在本次试点改革中，通过整合行政资源，增强经济发达镇社会管理和公共服务能力。苏南地区发达镇按照统一部署，各镇均组建了便民服务中心（或行政服务局），将服务重点、服务内容、服务力量向"窗口"部门倾斜，使百姓与政府对接，实现综合化管理和优质服务。"窗口"化服务规范了办事程序和流程，办事手续由繁变简，办事程序由暗变明，办事速度由慢变快，统一办事平台和公共服务窗口，实现了行政资源的重组和优化，民众办理各类事项时，普遍认可从过去的"进机关求人办事"变为"进中心享受服务"这一根本转变。一系列便民举措使服务对象享受公共服务量、质齐升，"窗口"效应显现，改革让老百姓实实在在得到实惠。

三是机构设置综合精干，行政管理机制优化运行。江苏经济发达镇试点改革中，紧紧围绕提高效能的目标，理顺条线管理机构与镇的关系，探索建立新型基层政府管理架构。改革后经济发达镇内设机构不超过10个，镇以下不再设立"七站八所"等办事或派出机构，也不简单复制现有县级政府的管理模式，而是实行宽职能、少机构、高效能的"大部门"式组织架构。试点镇通过建立精干高效的综合决策部门、方便群众的综合服务部门、协调统一的综合执行部门，保障机构设置精干高效。苏州5个试点镇一般设8～10个办、局，均为科级建制，按照县级管理权限承担经济社会管理主要职能，同时按照有关法律和章程，设置人大、纪委、人武部和群团工作机构。镇级以上行政事业部门设在发达镇的其他事业机构原则上由镇来管理，镇原所属事业单位及编制予以保留但不实际运转，以此来实现行政管理资源的优化、高效、快捷。

四是镇级政府职能定位清晰，职能转变步伐不断加快。经济发达镇行政管理体制改革试点工作不是简单的人员高配、机构升格，而是对基层行政管理体制机制的整体设计、重构创新。其中，职能的合理界定和科学转变是核心。通过深化改革，科学合理界定经济发达镇政府职能，实现了经济发达镇政府职能重心的加快转变，由过去单纯强调"执行上级决策、直接参与经济建设"为重心，逐渐向"创新管理体制、加强社会管理、强化公共服务、增强发展活力"为重心的职能定位转变，在强调经济管理职能的同时，着力强化了对社会管理、公共服务职能的定位，从而使经济发达镇作为一级政府的职能体系更加完备，职能定位更加清晰，更能符合和适应统筹城乡发展的需要和经济发达镇的实际情况。

## 四、经济发达镇行政管理体制改革中面临的现实问题和矛盾

苏南的经济发达镇行政管理体制改革试点工作，总体上进展比较顺利，走在了全国的前列，无论是面上还是点上都有不少成功做法值得深入总结和研究。但改革本身就是一项探索性工作，加之试点工作没有成熟的经验可供借鉴，在试点工作中难免会遇到一些现实的困难和问题，也会生发出一些新情况、新矛盾。正确认识和及时解决这些矛盾和问题，是改革试点的根本要求，也是后续深化改革的工作前提。

### （一）权限下放中的规范问题

一是下放权限的综合性、权威性有待加强。权力下放后，经济发达镇应享有比原来更多、更大的经济管理权限和部分社会管理自主权和执行权限，但政策落实的衔接和配套，如组织配套、人事配套等不健全导致了权力下放后无法最大限度地用好权。调研中发现，一些镇存在权力下放形式化、指标化倾向。权力下放和承接不是做表面文章，应着眼于强化地方治理绩效，着眼于涉民生、涉服务的关键内容，让权力更好地促进地方发展和为民服务。乡镇真正需要的权限，下放却不完整，这势必影响执法的综合性和权威性。

二是执法主体需要进一步规范、明确。今年省政府法制办通过文件的形式，确认各发达镇人民政府为乡镇相关内设职能机构执法的主体，但在更高层面上（如国务院法制部门）和更广的范围内（如全国其他省份）能否得到认可和执行，还有待商榷。相关法律法规不健全、不明确，执法中也必将带来如何依法规范执法的统一性问题。

三是下放权限的承接能力亟待全面提升。硬件方面，乡镇作为最底层的一级政府，行使县级政府部门的社会、经济管理权限和公共服务所需的设施、设备尚不完备；软件方面，行使权限和提供服务所需的相关规章制度也有待完备，行政人员（特别是执法人员）的素质也有待提高。

四是权力监督也有待加快跟进。对于发达镇来说，扩大的权力能不能用好并有效加以控制与制约，关系到"扩权"能不能实现预期的效果。当前，在我国权力监督体系尚不够健全的前提下，如何将扩权镇的权力有效纳入到群众与上级的监督中，确保权力规范有序地运行，是"强镇扩权"后续工作中亟待解决的重点。

### （二）规划、土地、财政等配套政策的统筹问题

改革过程中，发达镇提出的几个问题普遍集中在规划权限的下移、土地指标的倾斜、财政资金的扶持等方面。当前，城镇总体经济社会发展规划、城镇建设规划、土地利用规划等权限都在县级甚至更高层级的政府部门，发达镇自身无法根据实际情况、改革需要和长远发展对相关规划适时做出调整或修改，申请调整或修改的环节多、时间长、手续繁。用地指标的划分需要省级部门的配套统筹，也给发达镇推动产业集群、加强结构调整带来了诸多限制。财政扶持和税收分成政策也未能从地级市、省级层面形成统一，镇级财政的自我增长机制与相关返还机制仍需进一步推动完善。

### （三）机构、人员配备及相关内部管理的完善问题

改革后，发达镇在机构上下对应、人员分流安置和相关的管理协调上也遇到了一些新情况。

一是机构、编制面临压力。经济发达镇扩权后，随着权限的大量下放，履职所需的人员编制面临合理、科学调配的问题。机构扁平设置之后，每一个机构都要对应上几个层级的多个部门，面临如何衔接、对应的问题。增机构，不符合高效精简的要求；增人员，又要编制、财力的约束。如何防范机构的膨胀和人员编制的盲目增加，仍然是改革后不可回避的重大考验。

二是人员分流、安置存在矛盾。调研发现，本轮经济发达镇体制改革在人事

配备上虽然作出了诸多调整和优化，但也暴露了很多深层次的问题。就领导职数而言，《改革方案》中规定各经济发达镇按照副处级管理，领导班子的职数按一般不超过11名核定，苏南地区根据本地实际情况，有的将职数放宽到最多不超过17名（含党委委员），但仍有个别乡镇不能完全消化，不少干部虽然级别提升了，但职务上仍然不变，形成了干部“升级”不“升职”的困惑，人事激励效果不明显。与此同时，伴随职能、机构的精简优化，本轮改革同样面临人员分流问题。人员分流既有一般政府改革普遍面临的人员分流“就高难就低”和“重行政轻事业（编制）”的矛盾问题，又有分流渠道容量相对较窄的问题。

三是班子协调及考核等也有一些新问题。改革初期，发达镇各内设职能机构负责人多由班子成员兼任，在涉及相关决策事项时，兼职的班子成员和非兼职成员的立场、话语权都会不同，易使得决策执行中统筹力度不够，班子的整体效能受限。另外，在政府部门常态考核之中，发达镇每个部门要对应上层多个部门，不同类别的考核内容和指标要求都不相同，如何做好综合评估、客观评价、科学考核，也是省、市、县、镇四级必须要提前思考的问题。

（四）与条线部门工作的对接问题

扩权强镇改革的过程是公共权力重新分配的过程，权力的重新划分意味着县（市）与镇利益关系的大调整，容易出现一些纵向上的矛盾。其中，镇各内设职能机构与县相应条线部门对接关系的处理最为突出。纵向上的诸多条线部门如公安、国税、地税、工商、国土等在镇一级保留分局设置，各派驻分局实行双重管理机制，业务上接受上级职能部门的指导和监管，因而“条块”矛盾仍然存在。同时，在扩权政策中，由于缺乏相关的实施细则等配套性文件，使得“条线”部门派驻分局的定位不够明确，在实际运行中易导致工作不到位、政策落实不到位等情况发生。

（五）改革持续性和进一步深化改革的动力问题

第一，经过3年的实践和探索，江苏经济发达镇行政体制整体上得到优化。改革的目的是通过积极尝试，寻求创新机会和效益。对于改革成果，如不能以一定的形式推广，改革便不能实现价值最大化，随着时间的推移，相应的改革成果也会被埋没。因而，后续应加强对试点改革的科学评估，尊重和支持底层首创，把一些试点成熟并切实可行的经验，通过规范化、制度化手段加以巩固和推广。

第二，改革必须要有动力，如何将改革引向深入，还需要加强对基层深化改革的认识和动力的研究。经济发达镇职能部门协调问题、上下衔接问题、与基层自治组织的对接问题等改革的深度问题，仍然是今后多方需要面对的改革难题。在调研中发现，一些地方(包括乡镇、县)在思想认识上仍存在地方局限性，未能做到通盘考虑、充分认识改革的重大意义，再加上相应的激励机制不健全，从而也使深入推动经济发达镇行政体制改革的动力仍然受到限制。

## 五、完善试点改革工作的建议

经济发达镇行政管理体制改革是政府间纵向分权的典型实践。伴随着权力下放的是利益格局的重新调整，其实质是县级政府赋予镇政府一定的经济社会管理权限，调整镇级政府的权责关系，实现县、镇政府事权和财权的重新分配。对此，本文就后续完善改革工作，提出如下建议：

### (一) 应该更加注重试点目标与实现路径的衔接

把经济发达镇逐步发展成为现代中小城市是个系统工程，必须在明确目标、任务的同时，有具体路径的铺设、引领和延续，既要有超前性的目标重点，也要有稳定的延续性措施；既需要关键改革措施的落实到位，也需要相关配套政策的持续跟进。具体包括：

一是县(市)域规划要对发达镇的发展确立一个中长期的定位。根据经济社会发展规划、城市总体规划及环境保护、基础设施建设等专项规划的要求，立足于高起点、高标准、高水平目标，注重其产业集聚、功能完善、发展时序和生态空间布局，依据其经济发展潜力、资源环境承载能力和吸纳人口能力进行功能定位，科学编制规划并做好规划评估，构建富有地方特色的新型小城市框架。

二是重大基础设施建设、公共服务设施建设应对发达镇倾斜。积极研究按实际人口管理规模来确定各级政府的财政分配关系，充分考虑经济发达镇已有外来人口的负担，解决人口日益增长带来的治安、公共服务和环境问题。经济发达镇近期十分缺乏的产业、社会事业和基础设施建设项目，应优先列入各级政府的重点工程，并安排一定的专项资金给予支持。支持经济发达镇加大投资体制改革力度，允许经济发达镇依法组建多种类型的城镇建设投资实体，开辟多元化的城镇建设融资渠道等。

三是户籍制度改革应在发达镇先行先试。按照城市化发展要求，深化户籍制度改革，放宽落户条件，鼓励创业、创新和科技型人才落户发达镇，有序引导当地农民转化为城镇市民，稳妥解决长期务工人员、经商人员的落户问题。

四是推动社保制度的规范统一。城镇与农村的社保制度应在发达镇衔接统一，制定经济发达镇农业转移人口就业、社会保障等配套政策。可以参照苏州地区模式，将在乡镇、村各类企业务工并与之建立劳动关系的农村劳动力，全部纳入城镇企业职工基本养老保险制度范围内，逐步使农业转移人口享受与城镇居民相同的待遇。

五是积极探索财税分成和土地使用政策。按照分税制的要求及财权和事权一致、因地制宜、分类指导的原则，完善经济发达镇的财政体制，适当调整县、镇各类税收分成比例，在江苏省现有“分类管理、核定基数、超收分成、专项奖励”政策的基础上，可以考虑从省、地级市层面安排专项财政资金向发达镇倾斜。根据发展需要，发达镇所在地的上级政府每年应从省里下达的用地指标中，优先安排经济发达镇使用。经济发达镇通过土地整理、宅基地整治、工矿废弃地复垦等所得的土地应允许在发达镇内部调剂使用。拓展经济发达镇追加土地指标的有关领域，比如在交通、水利、能源以外再为发达镇开放民生、文化、公共服务领域土地指标的追加。

六是确定合理的功能布局。经济发达镇应与周边乡镇在功能定位、产业布局等方面实现错位发展。改革规划体制，探索按功能区划分进行规划的方法，创新行政区和功能区相互协调配合的新机制。按照统筹城乡、导向明确、分区联动等原则，探索将发达镇全域划分为城市综合服务区、生态保障区、农业保护区、现代物流区等特色鲜明的功能区，把经济社会发展规划、城市（乡）总体规划、土地利用总体规划、环境保护规划的主要控制性指标分解下达到各功能区。同时，强化规划的硬性约束，防止在编制规划的过程中，因随意制定、变更规划导致发展无序、重复建设、自我竞争等现象，影响经济发达镇的建设和发展。

### （二）应该更加注重权与责的统一

美国学者奥茨在《财政联邦主义》中提出“分权定理”，认为提供同样的公共品，下级比上级更有效。20 世纪 80 年代以来，越来越多的国家把政治、财权和行政权下移，力求管理扁平化。这就是说上级政府将权力连同责任和资源转移给地方，赋予地方政府更大的自主权，我们经常将之称为淡化“条条”管理，强化“块块”管理。从根本上讲，扩权改革的动力源于政府间和纵向分权体系造成的镇级政府事权、财权的不对等，以及由此而引起的镇要求与县分享权力和责任的内在冲动。所以，扩权落实的阻力必然来自于县级政府，县级政府可以利用现成的法律和政策的模糊性，通过自由裁量和非制度化运作使分权停留在形式上。这意味着扩权的改革是在无法脱离县级领导的前提下追求镇级政府对于本级社会经济事务的独立管理权限。要弱化这种限制，注重权责对等，可以做的工作包括：

一是深化行政审批、行政许可和行政执法制度改革。按照权责一致、依法下放、能放即放的原则,重点扩大经济发达镇在城建、环保、治安等涉及城市建设和管理方面的行政管理权限。对于下放的权限,要进行逐项梳理,按照受理、审核、决定、发证等程序再实行流程再造,对于能精简的内部环节,仍需进一步精简。

二是发达镇要切实做好事权下放的承接工作。所有下放、委托给经济发达镇的行政许可、行政审批事项,一律进入镇便民(政务)服务中心,实行"一站式服务"。下放、委托给经济发达镇的行政处罚权,一律实行综合行政执法。要规范执法,统一执法,研究制订规范性的指导意见或工作措施;要公开执法、文明执法,提高执法者素质水平;要根据新情况完善执法措施,拓展执法领域,全力把上级下放的权限运用好、落实好。

三是进一步理顺"条块"关系。县(市)职能部门派驻镇的机构,由经济发达镇进行管理。不能下放的派驻机构经批准仍由部门管理的,要充分授权,能下放的事项要下放到派驻经济发达镇的部门。

### (三)应该更加注重社会管理与公共服务的互动

镇级政府直接面向基层,面向群众,在重视发展经济、加强市场监管的同时,应进一步从强化公共服务入手,为广大居民提供更多更好的公共服务产品,并在此过程中体现管理与服务相统一的理念,切实提高社会管理的水平和能力。做到在管理中体现服务,在服务中加强管理;在服务中了解掌握镇情、村情、民情,在服务全覆盖中实现社会管理的全覆盖。

一要强化政府公共服务职能。着力完善社会保障、社会福利、公共医疗、义务教育等公共服务制度,维护人民群众根本利益,保障弱势群体利益,保持社会利益均衡。大力发展基层义务教育、科技服务、公共文化和卫生事业,创新政府提供公共服务的方式和途径,提升公共服务的能力和水平。

二要发挥"窗口"服务的示范效应。根据形势和发展的需要,不断拓宽服务内容,改进服务方式,为群众提供优质高效服务。同时可针对基层、农村的特点,探索创新服务方式,采取个性化服务、上门服务、专项服务等,为群众解决实际问题。

三要在机构编制和人员配备上向社会管理和公共服务领域倾斜。在放宽小城镇户籍的同时,把经济总量、财政收入、常住人口规模等作为主要指标,制定科学合理的定编标准,在总编制不增加的情况下,按各镇综合指数动态核定编制,实行分类管理,使其既能适应履行职责任务的需要,又不会出现管理和服务缺位。创新政府法定机构建设和购买服务的有效形式,转变财政投入方式,形成"养事不养人”的社会事业提供机制。

（四）应该更加注重决策、执行与监督的制衡

构筑权力良性运行的制度基础，是加强对权力制约和监督的根本保证。经济发达镇“扩权”以后，对权力运行的机制提出了更高要求，需要更加重视行政决策、执行与监督的协调，以达到权力良性运行的效果。可从如下几点着手：

一要抓好建章建制，实现权力监督“关口前移”。着力抓好制度的落实，做到“有规必依”，以防止权力滥用。监督的关口应该移至权力生成的源头，并对整个权力的运行过程进行全面监督。特别是在综合执法和便民服务的过程中，真正做到“权力行使到哪里，监督就实行到哪里”。

二要推进绩效管理，健全问责机制。“如果一个组织不去测定效果，在出现成功时不能识别，那么，它怎么能从成功中学到东西呢？如果没有对结果的信息反馈，革新往往会夭折。”对于行政行为的绩效评估和问责是建设责任政府、法治政府、民主政府的一个重要途径，可以为政府的管理提供良好的技术支持，有助于改善和提高行政效率。经济发达镇应以良好的绩效考核和问责机制为基础，建立良好的公信力，进而遏制权力的异化。

三要强化媒体监督，改善舆论环境。新闻媒体是信息的重要传输渠道，新闻媒体的发展程度直接关涉到信息的对称程度。要充分发挥基层新闻媒体的作用，增强公众知情权，拓宽公众参与评判决策、执行及其后果的渠道，夯实群众监督的基础。

（五）应该更加注重上下左右的协同

对上要加强工作磨合，仍要按上下隶属关系履行好本级政府的应有职能，主动汇报工作，积极争取政策，勇于改革创新。对下要有更高的目标要求、工作要求。经济发达镇要加大体制机制创新力度，理顺政府与社会的关系。加快建立关系清晰、管理和服务更加到位的政社共同治理与服务机制，不断拓宽政府与社会合作内容和渠道。

一要切实加强社会组织建设。注重发挥公民、基层自治组织和其他社会组织在社会公共事务中的作用，充分发扬基层民主，形成政府行政管理和基层群众自治有效衔接与良性互动的机制。进一步加大培育和发展社会组织的力度，重视行业协会的规范化建设，使社会组织能更有效承担政府转移的职能。

二要注重协调好周边镇的关系。坚持基础设施和相关重大项目联动建设，实行产业错位发展，着力增强发达镇对周边的辐射和带动能力，促进区域协调发展、

共同发展。

三要加强基层组织建设。配强配优村级领导班子，提升村级基层组织的凝聚力和促进经济发展、带领群众致富的能力，巩固和谐社会的基础。高起点推进新型社区建设，建设新型农村。培养新型农民，提高农民素质。此外，要更加关注外来人员管理，和谐各方关系，为新型城市建设打下坚实的社会基础。

（叶战备：苏州大学政治与公共管理学院教授）

# 苏南小城镇的功能提升和空间优化研究
## ——以张家港市凤凰镇为例

吴莉娅　段进军

**【摘要】** 凤凰镇是江苏省20个强镇扩权试点镇之一，其发展对于研究苏南小城镇具有较好的借鉴作用。近年来，凤凰镇面临着诸如城镇职能数量少、服务范围小，产业转型升级任务艰巨，人文、自然资源保护与开发难度大，城乡一体化难题亟待破解，城镇集聚力弱等问题。全球化与地方化的冲击、工业化与城市化的冲击、城乡规划和公共政策的外力驱动为主、各类规划不衔接等是凤凰镇发展问题的主因。本文在成因分析的基础上，以“浪漫小镇、创意凤凰”为主题和出发点，在可持续发展理论指导下，结合增长极理论、网络城市发展理论，以及卫星城、新城发展思想，对凤凰镇今后的城市空间发展格局提出“一核两极、一区两轴一带”的优化方案。

**【关键词】** 强镇扩权　小城镇　功能提升　空间优化

“小城镇、大问题”。20世纪80年代，苏南、温州、珠三角等地小城镇如雨后春笋般发展起来，但“走过一村又一村，村村像城镇；走过一镇又一镇，镇镇像农村”，其规模小、环境污染严重、用地粗放、效益低下等问题引起了广泛关注，也引发了对自下而上的城镇化的大讨论。

自城镇化战略实施以来，大中城市获得了快速发展，但小城镇的发展却不尽如人意，而小城镇始终在中国城镇化进程中占据重要地位。为了更好地提升农村城镇化质量，强镇扩权在全国试点展开。有关小城镇发展和规划建设的探索也不断深入。中东部地区小城镇经济转型升级的路径为：以发展定位引领方向、以产业高端化作为根本任务、以要素集约化作为保障、以环境保护作为前提。而以经济效益优先的发展机制导致苏南小城镇规划建设随意性极大，“高楼”和“高容”模式导致传统历史文化名镇特色丧失。如浙江省面临大都市多中心空间结构的建立与郊区化无序蔓延、现代农业发展与农业要素结构锁定、县域块状经济转型升级与“浅度城市化” 三大“赛跑”危机，因此必须在总体策略与模式基础上，针对都市型小城镇、县域农业型小城镇、县域块状经济中心城镇采取不同发展策略，聚焦于“小城镇系统发展能力的优化”及“如何更好地与区域需求接轨”两个政策供给方向,全面推进小城镇发展转型。选择经济发展指标、社会进步指标、生态与人居环境指标、资源及利用指标以及科技与教育指标等建立小城镇建设与规划的可持续发展评价指标体系,对各地城镇化进行综合评价,是比较科学合理的研究方法。如对江阴新桥镇的评价结果表明该镇资源利用方面存在明显不足。江阴市澄东片区小城镇发展问题突出:工业布局分散带来的集聚效益低下的矛盾开始凸显,分散的产业非农化导致了明显的隐性城市化,土地资源短缺、人地矛盾尖锐,产业发展面临结构升级等众多新挑战。北京市怀柔区杨宋镇采用新城市主义理念进行镇域规划,实践表明,TOD(Transit Oriented Development)模式即以公共交通与导向的开发模式应用于小城镇规划中,主要体现在多元化的土地使用、公共交通导向的交通组织、均享性的公共设施布局;TND(Traditional Neighborhood Development)模式即传统邻里开发模式在小城镇规划中的应用,则主要体现在小城镇的居住组团模式的运用、城镇空间尺度人性化塑造等方面。扬州小纪镇新中心区引入"反磁力吸引"体系的规划理论,强调扩权镇人口与产业集聚的重要意义,从人口与产业集聚、交通联系、生态景观和地域文化等四个方面提出构建"反磁力"型小城镇的规划策略。效率和公平视角下小城镇开发强度分区研究,基于审美主体的价值观与社会属性视角的小城镇规划设计尺度选择的研究,基于地域文化心理的小城镇规划设计评价体系研究,凸显地域自然特色的小城镇规划设计研究等相继展开。

凤凰镇是国家级历史文化名镇,2010 年被列为江苏省首批强镇扩权试点镇,2011 年被列为江苏省农业现代化示范镇,是农工商发展相对均衡的小城镇,其发展对于苏南小城镇具有较好的借鉴作用,故以该镇为例来对苏南小城镇功能提升和空间优化问题进行探讨。

## 一、凤凰镇概述

凤凰镇位于张家港市南部,地理位置优越、水陆交通便利,气候温和湿润,历史悠久,自然资源和文化资源丰富,是国家级历史文化名镇、中国吴歌之乡、中国民间文化(山歌)艺术之乡、全国环境优美乡镇、全国千强镇、国家级卫生镇、苏州市十大魅力旅游乡镇。2010 年,全镇 GDP 达 69.38 亿元;实现财政收入 12.53 亿元,人均财政收入 9 811 元;本镇可用财政收入 2.48 亿元;全镇完成工业产值 45.15 亿元、服务业产值 21.66 亿元;农业总产值 5.12 亿元,其中农业、林业、牧业、渔业、服务业分别占 41.2%、7.5%、10.8%、14.6% 和 25.9%;农民人均纯收入 15 761 元,高于当年苏州市平均水平 14 657 元。

## 二、凤凰镇发展的主要问题

凤凰镇行政区划曾经历了几次大的调整。1957 年建凤凰乡，后改公社；1983 年复置乡；1992 年改镇；1997 年，凤凰镇面积 29 平方公里；2003 年，凤凰、西张、港口三镇合并设立凤凰镇，镇域面积 78.7 平方公里，下辖 15 个行政村、3 个居委会，镇政府驻西张片区。在全球化与地方化、城市化与现代化的冲击中，凤凰镇机遇与挑战并存、进步与困难并存。

### （一）城镇职能数量少、服务范围小

长期以来，凤凰镇是一个传统的以物质集散和行政管理为主要职能的中心地型小城镇，城镇职能数量少，服务范围小。近年来，凤凰镇的交通运输职能和专门化职能得到了较大发展，是张家港市率先基本实现农业现代化的样本区，形成了以精细化工、新型材料、汽车配件、船用设备为主的产业集群，医药物流、旅游业等也获得了长足发展。但总体而言，凤凰镇的职能种类仍较少，职能单位数量也较少，服务范围也很有限。

如其工业集中区——韩国工业园虽然在张家港市具有较明显优势，但是在苏州大市范围内则很一般。

凤凰镇虽然自然、人文资源十分丰富，其中凤凰山景区占地 260 亩，是“国家 AAAA 级景区”，还有千年古刹永庆寺、世界非物质文化遗产河阳山歌馆等，但旅游品牌还没有打响，影响力局限于周边地区，在苏州大市范围内没有明显优势，更没有在长三角拥有一席之地。

凤凰水蜜桃种植面积超万亩，被誉为“桃花故乡”，先后被评为苏州市十大现代农业示范园、江苏省现代特色产业示范基地，2012 年创建成为江苏省省级现代农业产业园、国家级农业标准化示范区。凤凰水蜜桃获得全国桃果品评比金奖、中国地理标志证明商标，被誉为“中国第一桃”。虽具有明显的区际优势，但因其产品的特殊性，目前影响范围也仅局限于长三角地区。

### （二）产业结构转型升级任务艰巨

凤凰镇产业结构虽然不断提升和优化，2010 年服务业增加值占 GDP 比重达到 31.3%，尤其是医药物流业有了相当规模的发展，但是三次产业结构还是不够合理，工业具有绝对性优势。2011 年，全镇拥有销售超亿元企业 49 家，形成新材料、新装备、新能源（光伏、LED）三大新兴产业板块。工业为重的发展格局在相当长一段时间内有强化趋势，且劳动密集型和资本密集型产业仍占据较大比重，从

总体而言，其制造业仍处于价值链和生产链的低端。外企也多以低端制造、装配环节为主，核心技术掌握在母公司手中，这与上位规划(《张家港城市总体规划(2011—2030)纲要》)对其“国家级历史文化名镇，新兴产业基地”的功能定位有着较明显的冲突，转型升级的任务依然艰巨。

（三）历史文化资源保护与开发难度较大

江南明清市镇在历史上留下了浓墨重彩的一笔，但明清古镇之间的同源、同质、同构成为古镇保护与开发必须面对的问题。凤凰镇累计投入近8亿元，进行文化旅游基础设施建设，极力打造“听山歌、泡温泉、赏桃花、逛古街”的特色文化旅游品牌。但与木渎、周庄、同里、角直等古镇比，凤凰知名度低、旅游服务设施等还不完善、实际接待国内外游客数量较少、旅游收入低，以观光旅游为主，高层次的旅游服务还没能开展起来。这既是凤凰历史文化资源保护与开发的弱点，同时也是其优势，更利于其发挥后发优势，汲取木渎、周庄等古镇开发中的成熟经验与过度商业化等教训，采取更为可持续的发展路径。

凤凰镇社会、经济、人居环境的改变也给历史文化资源的保护与开发带来前所未有的挑战。以河阳山歌为例，河阳山歌本是一种“下里巴人”的民间文化形式，是典型的草根文化，现在却成为“文化人”研究的“非物质文化遗产”。“文化搭台、经济唱戏”是一些文化产业创业者在接受访谈时反复强调的，这种诉求更为凤凰历史文化资源的保护与开发带来机遇与挑战。

（四）鱼米之乡风貌保护与开发也面临挑战

凤凰历史悠久，是典型的江南鱼米之乡，《张家港市凤凰镇农业现代化发展规划(2011—2015)》确定其农业产业布局为“四基地、两中心”，功能区面积52 000亩，占全镇农业用地的94.17%，其余为农村道路、农民家庭自用零星种植蔬菜等用地。但实际上，镇域东西发展轴——凤恬路以北、被规划为“江南优质稻麦生产基地”的重要组成部分的长条形地域已经有大片土地转变为工业用地。这片区域紧邻张家港中心城区的南部工业区，在调研中，农业部门的工作人员直言不讳，他们的工作重点主要集中在凤恬路以南，以北肯定是会转为工业用地、城市用地的。作为省级农业现代化示范镇、苏南目前较少见的农业具有较大优势的镇，优质稻麦种植面积的缩减十分令人惋惜。在凤凰镇，不仅非农产业、城市建设与农村、农业争地的现象较为严重，农业内部结构调整产生的粮田与林业、果业、蔬菜种植等争地的现象也较为突出。江南地区特有的阡陌纵横、河湖密布、舟楫便利、鱼米之乡的风貌已经很难见到。

（五）城乡一体化发展的难题亟待破解

2008年，江苏省政府选定苏州市作为城乡一体化发展综合配套改革试点区，定下了苏南先行试验、带动全省城乡一体化的发展方略。“苏州通过‘三置换、三集中’使110万农民变成了新市民”，张家港市作为苏州的县级市之一，也积极展开了城乡一体化的探索。

凤凰镇长期以来发展较为缓慢，传统农业在农业发展中占优势地位，农村居民也呈现较为典型的散居和沿河分布的特征，虽然《凤凰镇城乡一体化规划》采取以异地置换为主的方式来实现城乡空间格局的优化，但也只解决了表相问题。

按城市标准建设集中居住区，实现农民居住地的空间转变，是一种典型的城镇化现象。城乡一体化不是消灭农村，更不是简单地把农民安置在基础设施和公共服务健全的现代化社区。怎样调动农民的积极性和主动性，变农民“被上楼”“被城市化”为农民实现职业转换、生活方式转变、价值观转变，使绝大多数农民能够在农村发展中发挥主观能动性，主动参与新农村建设，而不只是被动地接受政策、制度以及社会变迁所给予他们的后果，实现农民市民化，是城乡一体化必须破解的难题。

（六）镇村布局分散、城镇集聚力弱

乡镇合并后，经过10年发展，凤凰镇呈现较明显的“一核三组团”布局特征，“一核”指现状镇区中心，位于西张，是行政、商业、文化中心；“三组团”指西张、凤凰、港口街道，均呈现沿主要交通干道延伸的“马路小城镇”布局特征。

整体而言，凤凰镇仍存在结构松散、用地破碎、城镇集聚力较弱、规模经济和集聚经济效益较差等问题。以工业和旅游业为例，工业用地尤其破碎，西张工业用地布置在老镇区西侧与西塘公路沿线，凤凰街道有南北两个工业区，港口街道则有3个工业相对集中区。各片区的工业门类大都以机械、化工、纺织、建材等为主。工业企业之间更多的是地缘上的接近，而非分工与协作，除了汽配等少数产业门类外，产业链均不长，没有形成真正意义上的产业集群，一旦龙头企业转移，将会对镇区经济产生较大影响。就旅游业而言，重要历史文化资源散布，缺乏一个轴线和响亮的主题串起来。

因而，必须要有一个核心来整合各片区的发展，形成积聚人气、发挥带动作用的增长极核，真正发挥规模经济、集聚经济、范围经济等的作用。

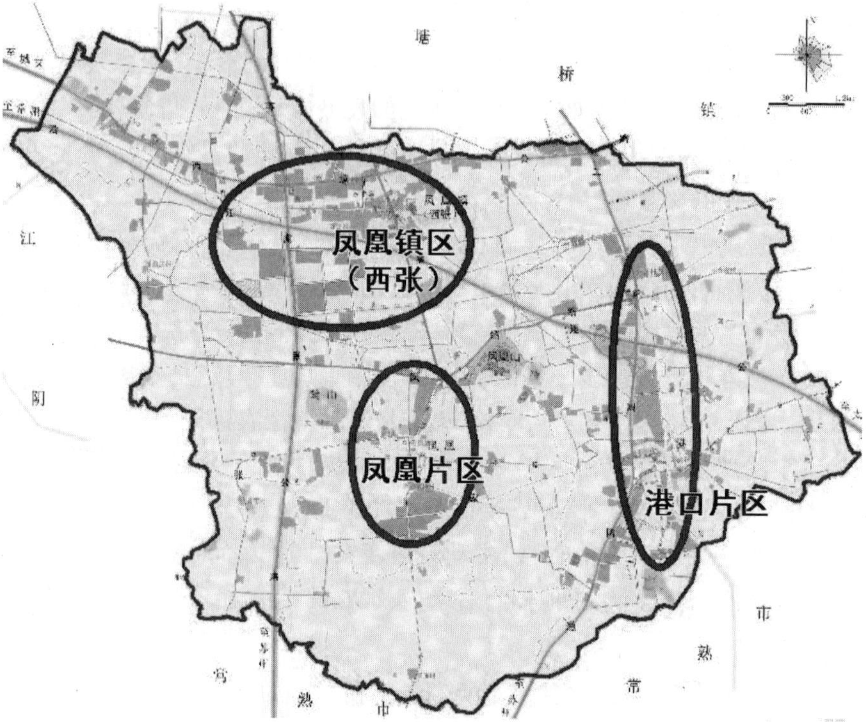


**图1 凤凰镇城镇布局示意图**

## 三、凤凰镇发展问题的主要成因

凤凰镇发展面临的问题，不仅因其所处的区域和国际、国内环境息息相关，而且有社会、经济、文化、制度与政策等方面的深层次原因。

首先，全球化和地方化使凤凰镇的发展面临多重冲击。20世纪90年代以来，各国各地区的经济都越来越深入地参与到全球化进程中，苏州市作为长江三角洲城市群重要的核心城市之一，外资依存度与外贸依存度在全国名列前茅，凤凰镇的发展自然也受到全球化的冲击和深刻影响。凤凰镇已吸引了包括美国杜邦和雅什兰、法国罗地亚和阿科玛、韩国现代等一批世界500强企业前来投资兴业，全镇累计建办外资企业100余家，累计吸引外资超20亿美元，特别是2009年以来，实际利用外资连续三年超1亿美元，在张家港市辖镇中排第一。与此同时，根植于当地的乡镇企业、乡村工业化的传统，以及对内开放和鼓励民营经济发展的政策，也给凤凰镇的经济和社会发展带来很大影响。可以说外向型工业化和乡村工业化的发展是凤凰产业结构不合理、产业结构转型升级任务艰巨的重要原因。

其次，工业化和城市化深刻地改变了城乡发展格局。工业化和城市化不仅分别是工业在产业结构中、城市在城乡聚落体系中逐渐占据主导地位的过程，同时也是社会变迁的过程。在发展过程中，经济增长与社会发展、生态保护等方面往往会存在矛盾，有时候这种矛盾还十分尖锐，这为自然资源、历史文化资源的保护与开发带来挑战。

再次，凤凰镇是行政区划调整、乡镇合并的结果，城乡规划和公共政策是驱动凤凰镇城镇化的重要动力。长期以来，凤凰镇发展相对缓慢。2009 年，全镇城乡建设用地 26 平方公里，其中村庄建设用地 13.90 平方公里，集中居住户数 7 038 户，农村居民集中居住度 32%；村庄居住用地面积 10.20 平方公里，平均每平方公里 55 个自然村，户均用地面积 0.92 亩，村庄规模普遍偏小，大部分自然村沿河两岸分布，配套设施不完善，宅基地占地面积较大、用地浪费；村办工业用地 3.7 平方公里，各村办工业分布零散，且规模较小、污染较大。在城乡一体化探索中，凤凰镇提出“一镇、一片、三点”的镇村布局模式，确定镇域范围内除保留恬庄古镇及集聚在集镇区成组团状布置的 1 840 户农户外，其余 14 835 户农户全部置换，进镇区、片区和农村集中居住点安置。现在，相关拆迁安置工作和集中居住区建设正有条不紊地展开。这种靠城乡规划和政策驱动的外生型城镇化在改变城乡景观方面卓有成效，但在社会、经济变迁方面，则作用较有限。由于当地居民的经济收入不高，生活方式、价值观念仍然较传统；且制造业以劳动、资金密集型产业为主，吸引的外来人口也以务工人员为主，难以形成旺盛的生产、生活需求，故而不仅产业结构升级任务艰巨，农民“市民化”也是任重道远。

第四，各类规划不协调，难以发挥其应有作用并给予凤凰发展以科学的引领。规划是城乡建设、管理、监督等的先导，但各类规划之间不协调、难以衔接，对凤凰镇城市职能定位不准，规划实施困难重重。如《张家港凤凰镇城乡一体化发展综合配套改革镇村布局规划（2010—2020）》在镇区张家港河以南布置了飞翔化工集中区和工业集中区，而《张家港城市总体规划（2011—2030）纲要》明确要求凤凰片区（指凤凰镇域）把“产业用地集中在韩国工业园区，迁移或关停飞翔化工园”，把“张家港河以南作为生态控制区，发展生态农业”。这些规划方面的冲突影响到了职能部门工作的开展，也会抑制公民、法人、社会团体投资开发的诉求。

## 四、凤凰镇发展定位与功能提升的建议

在新形势下，要充分发挥扩权强镇政策优势、合理发展新兴产业，就必须对凤凰镇发展的优势、劣势、机遇、挑战进行深入而细致的分析，对凤凰镇的城市职能

和性质进行准确的定位，同时对土地规划、城乡一体化发展规划、产业规划等各类规划进行统筹协调，以更好地实现各类规划的衔接，实现空间优化、功能提升。

凤凰镇的发展离不开张家港和苏州的发展。作为上海大都市区的次核心，苏州正在积极转变发展模式——由追求经济增长的外延式、资源消耗型模式转变为追求经济社会协调发展的内涵式、技术提升型模式，并提出构建以名城保护为基础、以和谐苏州为主题的“青山清水，新天堂”的城市发展总目标。张家港提出“建设成为创新发展、城乡统筹、社会和谐、生态文明的示范城市”的城市发展总目标。作为张家港“一城四片区”的重要组成部分，凤凰镇在今后的城市发展中要积极打造“浪漫小镇、创意凤凰”，以实现国家历史文化名镇、新兴产业基地的功能定位，保护江南水乡田园生态，弘扬地方文化（河阳山歌），依托凤凰山、恬庄古镇等资源，大力发展文化创意产业、旅游业等现代服务业。

从《张家港市城市总体规划（2011—2030）纲要》《张家港市凤凰镇城乡一体化发展综合配套改革镇村布局规划（2010—2020）》《凤凰“十二五”发展纲要（征求意见稿）》《凤凰中心城区城市设计》等规划文件中可以看出，各级政府对凤凰镇的城镇职能、城镇性质转变有较统一的认识，即要实现凤凰镇由传统的以商品交换为主要职能的低等级的中心地型小城镇向集商贸、旅游、文化、行政、高新技术产业发展等多职能的重点中心镇转换，建设以高新技术产业和旅游文化产业为核心的宜居小城。

结合凤凰镇的地理位置、自然地理、经济地理条件和发展需求，建议将凤凰的城市职能界定为：

- 国家级历史文化名镇；
- 苏州市文化旅游和休闲旅游基地；
- 苏州最具吸引力的居住地之一；
- 张家港高新技术产业基地；
- 张家港创意和研发产业基地之一；
- 镇域行政经济文化中心；
- 镇域综合服务中心。

建议将凤凰镇的城市性质确定为：

国家级历史文化名镇，苏州休闲旅游重要节点，张家港高新技术产业基地。

## 五、凤凰镇的空间发展建议

产业转型与升级、经济增长模式转变，以及城市功能提升，都离不开城市空间的调整和优化。以“浪漫小镇、创意凤凰”为主题和出发点，在可持续发展理论指导下，结合增长极理论、网络城市发展理论，以及卫星城、新城发展思想，对凤凰镇今后的城市空间发展格局提出“一核两极、一区两轴一带”的优化方案：

一核——城市游憩商业区（RBD）

两极——西张社区中心、港口社区中心

一区——张家港高新技术产业园区

两轴——旅游文化发展轴、现代产业轴

一带——环城绿带

（一）一核：城市游憩商业区（RBD）

该区大致位于凤凰镇西凤路与凤恬路交界处附近，正处于凤凰新城核心区域，是凤凰镇商业、旅游业、文化休闲活动的高度发展地区，结合凤凰镇“文化立镇、经济强镇、旅游兴镇”的发展战略，实现旅游业、文化产业与商业设施和商业活动的产业共生性和空间共生性，集中布置旅馆业、文化创意产业、特色农产品和特色旅游纪念品商店，打造以特色商业发展为基础，供本地居民以及张家港、苏州乃至沪宁都市圈的游客休息、休闲、娱乐、观光、购物的游憩商业区，为凤凰镇成为张家港乃至苏州市旅游文化产业重点中心镇提供产业和空间支撑。这个游憩商业区也是“古风传承、游憩桃源、浪漫小镇、创意凤凰”的窗口和集中展示地，是凤凰镇最具魅力的核心区域。

（二）两极：西张社区中心、港口社区中心

把西张社区中心（现状镇区）和港口社区中心作为城镇社区中心来进行建设，与城市游憩商业区（新镇区中心）之间形成明确的职能、规模等级分工，在空间上形成“一核两极”的城市空间等级体系。

积极推进城市化进程，结合基础设施和公共设施建设，积极引导农民向新城、两社区中心和农村集中居住点集中，增强新城和两社区中心的“拉力”，但因港口片区位于张家港河以南，属上位规划确定的生态控制区，应注意控制居住生活用地的发展规模与城镇增长边界。

（三）一区：张家港高新技术产业园区（韩国工业园）

该区是凤凰镇的工业集中区，以现有优势产业为基础，进一步做大做强汽车零配件新装备产业集群、LED 和光伏电子新能源产业集群、新材料产业集群；以凤凰科技创业园为科技孵化器，大力引进研发活动，实现由制造基地向创造基地的转型升级。同时，加快飞翔化工园的迁移工作，引导附加值较高的企业就近转移，关停并转散布在各村的村办工业，尤其是在生态控制区内的低端村办工业。对于农产品加工业，积极引导其向韩国工业园附近的工业集中区或农产品加工物流中心集中。此外，积极推进现代物流业发展。

（四）两轴：旅游文化发展轴和现代产业轴

旅游文化发展轴基本呈现东西向走势，以横贯凤凰镇东西的凤恬路为基线，把张家港高新技术产业园区、城市游憩商业区（新镇区中心）与恬庄古镇联系起来，也把散布于凤凰镇的桃文化博览中心、河阳山歌馆、永庆寺、莺山、凤凰山、红豆树、河阳山遗址、古镇河阳遗址、恬庄古街、江南稻作观光园等主要历史文化资源、自然生态资源串联起来，形成与城市游憩商业区相互呼应，“一体两翼、点轴开发”的空间发展格局，成为“古风传承、游憩桃源、浪漫小镇、创意凤凰”的空间载体。其中，恬庄古镇加强旅游集散、休闲服务设施建设，形成历史人文旅游特色区，同时依托当地丰富的历史文化资源，大力发掘非物质遗产资源，发展文化产业和创意产业，使河阳文化能得到充分的继承和发扬。

现代产业轴基本呈南北向，以金谷路、西凤路、凤南路为基线，把西张社区中心（现状镇区）、张家港高新技术产业园区、城市游憩商业区（新镇区中心）、凤凰农产品加工物流中心串联起来，形成凤凰镇高新技术产业、创意产业、现代物流业发展的产业走廊。

旅游文化轴与现代产业轴在城市游憩商业区交汇，加强了城镇中心的吸引力和聚合力，为“创意凤凰”的腾飞，奠定了坚实的产业基础。

（五）一带：环城绿带

自然生态资源是历史文化名镇保护的重要内容，也是凤凰镇古风传承、耕读传家的自然基础。

根据田园城市理论和可持续发展理念，凤凰镇的环城绿带位于凤凰镇建成区外围，以“三水产业”（水稻、水密桃、水产）为主导，由生态绿地和现代农业产业区（优质稻麦生产基地、水蜜桃生产基地、水产生态养殖基地、蔬菜种植基地）组成。

绿带内侧作为城镇的增长边界，对城镇建设用地的扩张起着控制作用，以保护凤凰镇丰富的农林资源，确保农村发展空间，为实现城乡统筹发展、营造富有生机和活力的城镇、乡村聚落提供帮助。

这一绿带不仅是张家港市的生态廊道、现代农业发展基地，同时也是凤凰镇河阳文化、桃文化传承发展的自然基础，更为凤凰镇观光旅游、体验旅游、休闲度假业的发展提供资源和物质支撑。山清水秀、河塘密布是河阳山歌古风传承的自然基础，与连绵不绝的万亩稻田一起，交织孕育了江南鱼米之乡渔猎耕读、诗书传家的特有文化积淀。万亩桃园、千年红豆构建了游憩桃源、浪漫小镇的爱情文化的景观基础。

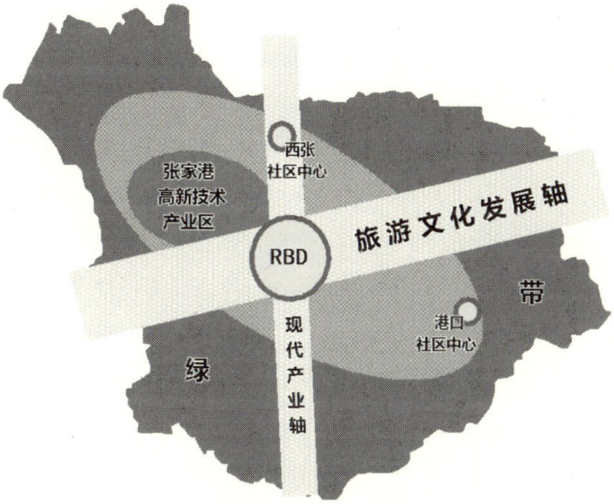


图 2　凤凰镇城市空间规划示意图

点轴开发、分散与集中相结合的空间格局，为一三联动、新兴产业发展、由制造向创造的产业重构和转型升级提供了空间支撑，从而为“浪漫小镇、创意凤凰”的发展主题奠定了坚实的物质空间基础、产业基础和社会文化基础。

（吴莉娅：苏州大学政治与公共管理学院副教授；段进军：苏州大学中国特色城镇化中心副主任、苏州大学商学院教授）

# 他山之石

# 近现代日本的城市化道路对中国的启示

姚传德　刘芸菲

【摘要】 在明治时代，日本的城市化经历了由欧化到自主的探索历程，从银座炼瓦街改造、东京防火改造，到东京市区改造计划的实施，日本自主城市化道路最终形成。从20世纪20年代到60年代，日本为城市建设制定了诸多专门的法律法规，有力地推动了城市化工作的基本完成。20世纪70年代以后，日本政府对原有的城市建设法规进行了大幅度的修改与完善，加强了地方自治体以及民众的参与。日本在城市化过程中的经验与教训对于正在进行城镇化工作的中国而言，有着很强的借鉴意义。

【关键词】 日本　城市化　全盘西化　东京市区改造　中国

同很多后发现代化国家一样，近代日本在城市化的初期，也曾经出现过盲目追求欧化、好大喜功等弊病，后经过数十年不断的摸索，才找到了一条自主、成熟的城市化道路。以后又应形势的发展，及时制定、修改城市建设的法令法规。对于日本城市化这一历程，国内学术界研究薄弱，本文打算对此做一研究，以求能够对中国正在进行的城镇化工作提供借鉴。

明治政权建立之后，现代化工业蓬勃发展，城市人口大量增加，落后的城市格局与基础设施无法适应城市发展的需要，日本政府开始了城市建设道路的探索。

## 一、欧化时期——银座炼瓦街工程

1872年2月，东京银座地区突发一场大火，损失惨重。日本政府决定利用灾后恢复这一契机，着手对东京进行彻底的改造。当时日本正处于盲目崇拜西方文明的阶段，种种因素就导致了银座炼瓦街工程的诞生。

### （一）银座炼瓦街方案的内容与实施

银座重建方案从最初的测量到方案的制订以及施工，主要依靠西方技术人员，是一个彻头彻尾的欧化工程。日本政府打算按英国模式对银座进行彻底的改造，以形成一个城市转型的示范，然后再向全国推广。

在道路设计方面：①将道路按宽窄分为三等，最宽的为18到27米，最窄的为6米；②在27米宽的银座大道上，实施车道、步道分离，左右人行道宽共12米，中间车道宽15米；③种植行道树，广植樱花、枫树、松树等树种；④在银座大道两侧安装煤气路灯；等等。

在房舍设计方面：①所有房舍都使用炼瓦（烧制的砖瓦）建设，禁止建木板房和草顶房；②根据道路的宽窄决定房舍的高低，一等道路两侧修建高为10到13米的三层楼房，二等道路两侧修建高为6到10米的两层楼房，三等道路两侧修建高度4米以下的平房作为仓储使用；③连屋设计，为了充分利用空间，临街的房舍一律采用连排房屋，彼此用砖墙隔离；④设置人行走廊。此外，房屋样式按统一图纸进行建设，采用的建筑风格是诞生于18世纪英国的乔治式。

1872年3月，银座炼瓦街工程开始施工。房舍建设分官筑与自筑两种，其中官筑又分为官费官筑和自费官筑两种，官筑一般严格按照设计图纸进行。自筑就是资金与建筑商都由个人负责解决。对于自筑者而言，前述房舍设计方案的第一、第二项是强制项目，其他则是指导性项目。在土地使用方面，道路部分的土地由政府购买，而房舍部分的土地仍归原来的地主所有。房舍的购买者以及使用者要向原来的地主按期支付土地使用费。

工程开始之后，由于政府内部政治斗争激烈，外务卿井上馨等人先后辞职，再加上资金困难等原因，工程总量大打折扣。1877年5月，工程结束。

（二）银座炼瓦街工程评价

作为日本城市改造的最初尝试，银座炼瓦街工程确实存在不少缺陷。第一，该方案的目标没有全部实现。银座地区的改造只完成了原订计划的三分之一，而且也没有全部实现炼瓦造的目标。据统计，全部炼瓦造只有52.2%，加上石造合计也只有55%，大约有35%是日本原有的夯土房与涂屋房（表面涂上一层厚厚的泥灰），还有9.6%是木造板房。第二，存在建筑设计与质量上的问题，诸如门窗太小、潮湿、漏雨等。第三，不符合日本的传统审美习惯。第四，费用太大，超出了当时日本的经济承受能力。

尽管存在上述问题，该工程仍然有着不可否认的积极意义。第一，实现了防火的目标，以后银座地区再也没有爆发连片火灾。第二，道路建设开辟了日本城市建设的新纪元。宽阔的大道、步道车道分离、行道树、路灯等都是日本城市建设史上新事物。第三，建筑风格也有可圈可点之处，像规格统一、连屋设计、建筑高度与道路宽窄相对应等,“远远超过了以前东京市街地的水平”。种种优点促使银座地区很快就发展成为东京最为繁荣的街区。

## 二、探索时期——东京防火改造以及民间区域开发活动

全盘西化的改造方式难以为继之后,至1880年代,随着社会经济的进一步发展、城市人口的增多,矛盾更加突出。日本政府继续进行城市转型的摸索与尝试。

1879年12月12日,在东京日本桥的箔屋町爆发了进入明治年间以来最大的火灾,烧掉了79个町的1万多户人家。东京市政当局开始“抛弃代价高昂的欧化政策”,尝试立足于日本传统的防火方法、探索一条日本式的城市改造道路。

### (一)《东京防火令》的内容与实施过程

1881年2月25日,《东京防火令》正式公布。主要内容有:第一,线路防火。在东京中心区域,沿街道与河道设23条防火带,防火带沿线的房屋一律改造成防火住宅,也就是将板顶、草顶等易燃的屋顶一律换成瓦顶,板壁等易燃墙壁一律换成“炼瓦造、石造、藏造(夯土墙)”,门窗都必须用不燃材料改造。第二,屋顶防火。为防止火星随风飘过防火线落在草房顶上导致连片火灾,改造区域的所有草顶、板顶房屋一律限期改造为不燃的瓦顶或金属板等。第三,分期进行。在线路防火方面,分两期展开,第一期为一年,主要为板顶、草顶的替换以及火灾地区的房屋建设;第二期为三年,主要为板壁瓦顶房以及涂屋造瓦顶房的墙壁替换工作。在屋顶防火方面,同样分两期,第一期为一年,主要解决火灾地区的屋顶替换工作;第二期为两年,主要解决改造区域内的板顶、草顶的替换工作。第四,加强监督。鉴于以往有令不行的弊病,此次规定凡要改造的房屋必须制订改造计划送交府厅备案,改造完毕后的三天内,由政府派员核查,如果不合要求,必须重新改造。另外需要改造的房屋如果到期仍然不改造,则令其拆除。若抗拒不拆,则由政府派人强行拆除,并向当事人追缴拆除费用等。

改造过程中,由于使用了积金法,因而进展相对顺利。积金制是先将每家每户的改造资金进行总核算,然后分成数十个月,每户按月在区政府存储一定数额的款项,期满后,将积金下拨,充作改造费用。如果有不按期缴纳积金者,所在地警察署就要将其拘留问讯,直至如数缴纳为止。在实施过程中,无力改造的民众为免官司,大多自行拆除。显然,很多贫民的利益受到了损害。

整个防火改造工程于1887年宣布结束。

### (二)东京防火改造的评价

东京防火改造由于使用土办法,所以存在一些不足之处。第一,夯土房存在

明显的缺陷。夯土房屋的承载能力终究不及炼瓦建筑，所以高度受到了制约，不利于发挥土地的最大经济效益。第二，板壁房与涂屋房不能应付特大灾难。在1923年关东特大地震时，这些房屋在倒塌后（涂屋造的房子在倒塌后，墙上涂抹的泥灰剥落，露出了内层的板心），造成了严重的火灾。第三，没有像银座炼瓦街那样形成超越。“与其说是新时代的街道，倒不如说是对江户街道的完善。”第四，没有照顾到弱势群体的利益等。

但是，该工程却成功地解决了东京所面临的燃眉之急。第一，基本完成了预期的任务。该工程虽然土法上马，但是省工省费，因而进展顺利。在屋顶防火方面，“没有一人违背政府的命令……四万户悉数改造成了瓦房”。在线路防火方面，“其当线路者，率皆改成了土藏造”。第二，基本解决了火灾肆虐的问题。在以后的近40年的时间内，东京再没有发生过大面积的火灾。第三，使东京的市容市貌发生了很大的变化。东京“旧三十六门以内都变成了瓦顶的海洋”。

同时，在防火改造期间，涩泽荣一以民间的力量，对兜町进行了开发，完善基础设施，兴建了一批东西合璧的建筑，吸引了大批的公司进驻，该处变成了明治时期新经济的摇篮。

## 三、自主城市化道路的形成——东京市区改造计划

19世纪80年代中期以后，经过不断的探索，日本的城市转型方式逐渐成熟，在与欧化派的斗争中，自主派最终取得胜利，从而在日本诞生并实施了第一部城市规划。

### （一）自主道路与欧化道路的对决

#### 1. 自主的城市化道路——东京市区改造计划

1884年11月，东京府知事芳川显正向内务卿山县有朋上呈了著名的东京《市区改造意见书》，计划将道路分为五个级别，一等一类道路宽27米，一等二类宽21米，第二等、第三等、第四等、第五等依次递减3米。总共要修300余条道路，其中有两条环城道路，两条纵贯道路，四条起自市中心皇居前广场的放射状道路，还要修建一条纵贯市区的铁路，疏浚41条运河，三等道路（含三等）以上一律架设铁桥并容许铺设铁路的路轨，但是只有一等道路才能铺设轨道复线。此外还要在隅田川入海口兴修东京港等。这是一个以道路改造为中心的方案。

该计划提出之后，内务省马上成立东京市区改造审查会，组织各方面的专家进行认真讨论，至1885年10月，形成了最终方案。该方案将东京划分为四个区，

即官省地、商用地、邸宅地、工业用地。参照欧洲标准,按人口比例在东京修建10所大型公园、43所小型公园,每人可享有公园面积为1.3平方米。修造5所室内市场,两所大型歌剧院,两所普通剧场,1所商法会议所,1所股票与米谷交易所,5个火葬场,6片公墓,等等。芳川方案的道路计划基本不变,但增加了宽度。铁路计划维持原有方案,缩减了运河计划,扩大了筑港计划的规模,上、下水道作为特别事项单列。此外,预算资金也增加了近乎一倍。

应该说,这个方案是一个全面的城市转型方案,它吸收了几乎所有西方城市建设中的现代因素,同时又保留了日本城市的基本特征。

**2. 欧化道路——以日比谷官厅计划为核心的城市改造方案**

在东京市区改造计划尚在讨论期间,原本热衷于欧化的外务卿井上馨希望在日比谷集中修建雄伟壮丽的官衙,并以此为契机对东京进行全面欧化的改造。他凭借对政府的影响力,于1886年,促使伊藤博文内阁成立了隶属于内阁的临时建筑局,由井上馨兼任总裁。

在设计方面,为了表现欧化的彻底性,井上馨聘请了德意志专家组,制订了日比谷官厅计划。该方案中所有的建筑设计都是欧洲式的,非常壮观华美。"是一个跨越官厅街的、试图对东京进行整体改造的、壮丽的巴洛克式的城市规划"。但是该计划基本不考虑日本的国情,"把东京市街视为殖民地",随心所欲地进行欧化设计,代价极其高昂。

在官厅街计划拟定之后,井上馨又给总理大臣伊藤博文上了一道《秘密建议书》,明确提出要掌管东京市区改造事业,认为内务省的方案换汤不换药。

正当欧化的设计紧锣密鼓地进行的时候,1887年7月,井上馨因为对外修改不平等条约失败,辞去了外务卿以及建筑局总裁的职务,"有殖民地心态"的欧化派垮台。临时建筑局转归内务省管辖,德国设计师在日本方面支付赔偿金后被解除聘约,自主派最终取得了胜利。

(二)东京市区改造计划的实施

1888年8月16日,在延宕了两年之后,《东京市区改造条例》终于以天皇敕令的形式正式公布,日本近代"最初的城市规划就此诞生"。

在经费来源方面:一是征收特别税,即地租税、营业税以及杂税、房屋税、清酒税;二是出卖、出租官有河岸地的收入;三是发行公债。

作为附属条例,政府还颁布了《东京市区改造土地建筑物处理规则》,该条例以1852年颁布的法国巴黎改造敕令为模本,同时结合日本的国情制定。值得注意的是,该条例照顾了民众的利益。

另外还拟定有《家屋建筑条例》,对于建筑线、防火路线、宅基地内的空地、建筑物高度、彼此间距等都作了详细的规定,但是最终胎死腹中。

1889 年 5 月,东京市区改造设计方案正式向社会公示。为了减轻阻力、节省经费,公示的内容对原计划做了一定的改动,缩小了公园计划、运河计划,取消了工业区规划、东京筑港计划、商法会所、公共交易所与歌剧院计划。扩大的内容有计划的面积以及屠宰场、火葬场数目等。其他基本维持原案。由于其中没有列入水道改造费等,所以后来实际支出大大超出这一数字。同时还公布了防火规制,各等道路旁的房屋一律改为不燃化建筑。

1903 年以后,由于资金困难,改造委员会大幅压缩原计划中的很多项目,尤其是压缩了道路改造方案,但维持了基本框架。

改造计划实施的时间从 1888 年到 1918 年,持续了 30 年。其重心主要放在上水道的改建以及道路交通的改善方面。1889—1899 年是以上水道事业为核心的时期,计划以东京未来发展至 150 万人的规模作为基础,按每人每天 111 余升的用水需要量进行设计,使用加压水泵,通过钢筋混凝土管道以及铁管向城市供水。该计划顺利完工;1900—1910 年是市街有轨电车事业为核心的时期,由于市区改造委员会决定向电车公司征收道路使用费,用来抵偿道路修建费用,又在英国发行公债,从而使工程有了充足的资金保障,工程进展顺利。1911—1918 年是下水道事业期,实际上这一阶段还是以道路建设为重心,只是下水道改造终于开始了而已。但是,工程一直缺乏资金,举步维艰。1918 年,在大部分工程尚未完工的情况下,整个市区改造事业便宣布结束。

### (三) 东京市区改造计划评价

对于延续了 30 年的东京改造工程,日本学者认为存在很多缺陷。一是计划目标与实施结果之间存在很大距离;二是方案不够完善。由于土地区划问题没有解决,建筑条例未能颁布,导致了无秩序开发的现象。以至于日本城市规划专家饭沼一省说:"从城市规划的角度而言,明治到大正年间是一个黑暗时代。"此外还有诸如下水道问题仍然没有彻底解决,存在功利主义,等等。

但是作为近代日本的第一个城市规划,其积极意义还是主要的。第一,该计划内容相当丰富,涵盖了近代城市规划的几乎所有方面,而且东西结合。第二,态度务实,它考虑到了日本社会的实际需要与财政基础。第三,基本解决了交通问题,它使东京形成了四通八达的交通网络,为东京的经济繁荣打下了良好的基础。

第四,彻底解决了上水道问题,改善了居民的生活环境等。

在东京市区改造期间,政府负责对整个城市的发展进行规划并承担基础设施的建设,而民间则依据相关法规进行区域开发。这期间最引人注目的区域改造就是三菱对东京火车站南面的丸之内等地的开发。除此之外,尚有阿部家族对西片町、渡边家族对日暮里的开发以及三井、峰岛、安田、酒井、德川等家族的区域房地产开发活动。这些区域开发同市区改造事业相结合,使东京完成了向现代城市的嬗变。

## 四、发展与完善时期——现当代日本城市化的轨迹

### (一)《城市规划法》时期

20 世纪 20 年代,日本经济与城市化取得了长足的发展,城市数量大增,城市人口达到了全国总人口的 18%。为了解决随之产生的一系列问题,1919 年日本政府制定了《城市规划法》以及《市街地建筑物法》。主要内容有:

(1)推行土地区划整理制度。这是一种将城市基础设施与宅地进行协调整合的建设与改造方法,政府在购买部分土地之外,主要通过换地、减地等措施来筹措建设道路、公园、停车场、整理街区所需要的费用。

(2)实行用途地域制。将城市开发用地分为四个区域,即居住、商业、工业以及未制定区域,各区域内的建筑物的密度、高度用途等都有具体的规制。

(3)采用建筑线制度。该制度规定所有建筑行为只能在宽度 2.7 米以上的道路旁进行,这样,所有的建筑只能在政府指定的路网边缘展开,从而实现了有序开发。

(4)受益者负担制度。沿街居民必须负担一部分道路、下水道、路灯等基础设施的费用。

《城市规划法案》制定后不久,1923 年,日本关东发生了 7.9 级大地震,有 340 多万人受灾,东京城市面积的 44% 都被震后的火灾殃及。巨大的灾后重建工作为新的城市规划法案提供了全面实施的空间。日本政府还颁布了《特别城市计划法》,规定对火灾后的地区实行发行公债收买的方针,同时重新规划购买道路用地,对沿线的建筑土地进行区划整理,等等。最终,东京 40% 以上面积土地得到了整理,新型的混凝土抗震防火建筑群取代了此前的炼瓦建筑与夯土建筑,城市面貌发生了很大变化。同时,日本城市也进入了大发展时期。1940 年,城市人口达到全国总人口的 38%。

第二次世界大战后，日本在战后政治改革中虽然制定了新宪法，但是城市建设仍然沿袭以前的法规。日本各城市先后制定了城市复兴计划，复兴工作一直持续到经济高速增长的1959年。这一时期，日本城市人口急增到占总人口的63%，城市化工作基本完成。在经济高速增长时期，日本政府于1962年编制了《全国综合开发规划》，重点发展人口过疏的北海道、东北等地区经济等。到1970年，日本城市人口已经超过全国总人口的72%。

总体而言，这一阶段日本的城市化工作取得了很大的成绩。一是在政府内部成立了主管城市规划的专门机构，使日本各城市的发展摆脱了各自为政的混乱的状态；二是颁布了专门的城市规划法，使各城市的建设与发展有法可依；三是引进、采用了一系列新的技术，结束了前一阶段城市建设杂乱无章的局面；四是注重全国范围内城市的合理布局；等等。

但是，日本学者认为这一阶段的城市建设也存在不少缺陷，一是不太注重生活环境的建设；二是民众的参与受到了很大的限制等。

（二）新《城市规划法》时期

明治维新以来，由于日本一直执行先经济、后环境的政策，忽视人民生活环境的改善。到20世纪60年代，水污染、空气污染、噪音污染等问题日益严重。另外，地价高涨、空闲地的无序处理、义务教育设施缺乏等，也使得原有的《城市规划法》已经不能适应新形势的需要。

1968年，日本政府对旧的《城市规划法》做了大幅的修改。主要内容有：第一，权力下放。将城市规划的决定权下放给各地的都道府县的知事以及市町村。第二，导入居民参与。诸如召开公听会、说明会、计划展览会等。第三，创设区域区分制度。将城市规划区域分为市街化区域与市街化调整区域，前者是已经城市化或者准备进行城市化的区域，后者则是限制开发区域，仍然经营农业。第四，创设开发许可制度。第五，将用途地域制细化。等等。

新《城市规划法》实施后，日本地方各级政府以及各地方自治机构在城市建设中发挥出了积极性与主动性，民主的精神得到了反映，日本城市人口进一步增加。

20世纪80年代，日本自民党政府开始扩大内需的政策，进一步放宽了对民间城市开发与建筑活动的管理，结果适得其反，出现了“反计划”的自由主义现象，直接导致了空前的不动产投机与泡沫经济产生。

应该说，新的《城市规划法》符合时代的要求，第一，体现了民主精神。第二，规划比以前更加完善，尤其在土地问题的处理方面。第三，更加注重民生与环境的建设。等等。

但是,《城市规划法》也存在一些不足之处,诸如由于市町村一级的地方自治体财力有限,所以在城市建设过程中的作用仍然不够理想,此外,居民参与也进行得不够充分,在规划执行过程中出现极端自由主义,等等。

## 五、对中国的启示

现在的中国正处于高速城镇化阶段。李克强总理指出,中国作为大国,要立足内需,城镇化就是最大的内需。所以,为了加快我国的城市化步伐,必须借鉴国外的经验教训。

针对日本在近现代城市化过程中的经验与教训,笔者以为在我国现阶段的城镇化过程中,应该注意以下几点:

第一,不可走全盘西化的道路。现代化运动确实起源于欧洲,但是现代化却不等于欧洲化,各国的现代化工作在遵循共同规律的同时,都因国情的不同呈现出了不同的特色。城市化也是如此,在制定城市规划时,有关道路、上下水道、各种服务设施、功能区的分布等都是各国必须考虑的共同问题,但是在具体实施过程中,各国因为自然、人文、历史、财力等方面的差异,却有不同的选择。现在中国的很多城市,尤其是南方的城市,没有考虑到自身人多地少的基本国情,盲目效仿地广人稀的欧美先进国家,通过占用耕地,来修建某些并无必要的宽阔马路、制造大片的草坪,名曰发展经济、美化环境,实则浪费宝贵的土地资源、砸子孙的饭碗。所以,制定城市发展规划时,一定要立足于中国的实际情况,不能照搬西方的东西。

第二,在制定城市发展规划时,一定要有前瞻性。日本的东京市区改造计划持续时间长达30年,经过了几届政府,一直坚持不懈,该计划显然具有很强的科学性与可持续性。但是,现在的中国几乎所有城市都存在一个通病,就是一届政府一张规划图,往往是你建我拆,浪费极大。所以,一定要学习国外的先进操作方式,完善制定城市规划的规章制度,制定长期的、有前瞻性的城市发展规划。

第三,制定城市改造方案时,一定要考虑到文化的保护与传承。日本的欧化派在银座改造以及官厅街建设时,不考虑固有文化,完全将东京视为西方的殖民地,如果他们的主张得以实现,必然危及日本文化的传承。所以,我们在城市改造时,一定要将民族性与现代性有机地结合起来,立足传统、面向未来,才能形成有中国特色的城镇化道路。

第四,一定要注意道路交通的建设。在现代社会,道路是一个城市的动脉。

在日本近现代城市化的过程中，道路建设始终占有很大的分量。现阶段，就中国目前的情况而言，除了建设普通公路之外，更要重视运量大、便捷、经济、安全、环保的城市轻轨客运系统的建设。

第五，一定要积极动员民众参与城市建设。在现阶段的中国城镇化过程中，很多城市在改造时，违反了公平、公正的原则，不考虑民众的生计，导致了大量的矛盾与纠纷，影响了社会安定。所以在这方面，我们必须学习国外的先进经验，完善相关的法律法规等。

此外，在城镇化过程中，还要量力而行，防止好大喜功，要发展紧凑型城市，等等。

总之，只要我们认真吸取先进国家城市化的经验教训，结合中国的地理、气候、文化、审美等特殊国情与传统，就一定能够走出一条科学的、有中国特色的城镇化道路，为丰富世界文明做出自己的贡献。

（姚传德：苏州大学社会学院副教授；刘芸菲：苏州大学社会学院硕士研究生）